新典社選書 70

志水義夫 著

澁川春海と谷重遠

―双星煌論―

新典社

目 次

凡例

○本書で引用した谷重遠《たにしげとお》・澁川春海《しぶかわはるみ》の著作の底本は次の通りである。なお、『秦山集』『瓊矛拾遺』の引用にあたっては原典の訓点に準拠して書下したが、『瓊矛拾遺』は志水が適宜句読点を補った。『新蘆面命』は原文表記を読みやすく直し、適宜句読点と振り仮名を補った。

谷重遠『新蘆面命』（翻刻・校異　芹澤芳里、指導・監修　志水義夫）

　土佐山内家宝物資料館山内文庫本

　国立公文書館内閣文庫本

谷重遠『甲乙録』（翻刻・書下し　志水）

一〜八　国立公文書館内閣文庫本

九〜十二　活字本『秦山集』二十四〜二十六

　＊谷重遠の書、詩も活字本『秦山集』（明治四十三年、谷干城による出版）による。

澁川春海『瓊矛拾遺』（翻刻・書下し　志水）

　土佐山内家宝物資料館山内文庫本

○右以外の引用文献は次の通り。（書下し文は志水による。漢字カタカナ文はカタカナをひらがなに直し、適宜送り仮名を補った。）

澁川春海『天文瓊統』（翻刻・訓読書下し　志水義夫）

国立公文書館内閣文庫本
谷重遠『保建大記打聞』
志水蔵刊本
澁川春水稿・佐竹義根編『澁川春海先生実記』
国立公文書館内閣文庫本
無窮會圖書館神習文庫本
西川正休「大略天学名目鈔」（游芸『天経或問』付録）
東海大学文学部日本文学科蔵刊本
本居宣長「直毘霊」（同『古事記伝』二之巻）
東海大学文学部日本文学科蔵刊本
＊なお章段数は坂本是丸監修・中村幸弘／西岡和彦共著『『直毘霊』を読む』（右文書院、平成十三年）による。
本居宣長「うひ山ふみ」
本居宣長記念館「のりながさん」所収電子テキスト
○図版・写真のうちことわりのないものはすべて著者蔵・撮影のものである。

緒、東京から土佐へ

羽田発八時の便は、滑走路の渋滞でなかなか飛び立たない。でも行儀よく滑走路の前に並ぶ翼が、なんだかかわいい。

わたしのつとめる東海大学は研究活動に理解があって、研究費とは別に学部等研究教育補助金といって特別な研究のための予算を（審査に通れば）加えてくれる。二〇〇五年に支給を受けて、以来わたしは仲間とともに、高知市の土佐山内家宝物資料館《とさやまのうちけほうもつしりょうかん》にしばしば出かけるようになった。

黒潮わたりの風は飛行機を揺らし、高知龍馬空港にむかって下降するときには覚悟を促してもくるが、やがて振動とともに地に脚が着く。羽田のようにやたら歩かされることもない落ち着いた空港からリムジンバスで市内に向かい、県庁通《けんちょうどおり》というバス停でおりる。高知城を背に数分歩けば鏡川《かがみがわ》と呼ばれる大きな川沿いにある山内神社《やまのうちじんじゃ》だ。川の向こうに山内家の墓所を望むその境内に、土佐山内家宝物資料館はあり、土佐国大守《たいしゅ》だった山内家伝来の宝物が守り伝えられている。その中に、世に「南学《なんがく》」と呼ばれる学問の中興の祖、谷丹三郎重遠《たにたんざぶろうしげとお》、号して秦山《じんざん》の蔵書本や著作書簡の類、さらにその子丹四郎垣守《かきもり》、孫真潮《ましお》の写本コレクションや草稿など谷

高知城（県庁通駅付近からの遠望）
現在重要文化財に指定されている天守閣と本丸御殿は寛延２年1749の再建だが、慶長年間に建てられた天守閣を踏襲して建てられている。重遠もこの姿を眺めたものだろう。

土佐山内家宝物資料館

土佐太守山内家伝来の武具・衣装・書籍を山内神社境内で守ってきたが、平成28年に高知城追手門前に移転することになった。

家伝来の文書がたくさん遺《のこ》されている。

谷家の遺産と初めて出会ったとき、『古事記』を研究している者としてまず目についたのは、目録に『古事問批』と記されている『古事記』についての書簡問答の記録であった。書簡の相手は天文学者として知られた澁川春海《しぶかわはるみ》。のちに冲方丁《うぶかたとう》が『天地明察』と題する小説の主人公とした「安井算哲《やすいさんてつ》」、その人である。

『古事問批』は書簡を冊子にした書物で、書簡では「古事記問目」と題され、まず土佐在住の谷重遠が『古事記』の本文を抜き書きし、次に質問を記して江戸在住の澁川春海に送る。それを受け取った春海は朱筆で質問文のあとに設けられた空白に回答を記し、土佐に送りかえす。こうして『古事記』上巻序文から下巻まで、書簡による問答で『古事記』本文の解釈が通される。要するに、通信教育だ。

抜き書きされた『古事記』の本文に施された訓点を調べてみると、伊勢外宮《げくう》の神官である出口信濃守延佳《でぐちしなののかみのぶよし》が元禄四年（一六九一、辛未年）に出版した『鼇頭古事記《ごうとう》』の本文と同じ訓点であった。二人の通信教育が行われた元禄十一年（一六九八、戊寅年）現在では最新の注目すべき『古事記』のテキストである。また、貞享から元禄にかけては、ようやく飛脚の制度が整い運用開始された時期であったらしい。参勤交代の制度は江戸の各国大守邸（この時代、「藩」という呼び方はまだ一般的ではない。諸国の大名は「大守」と呼ばれている）と本国との間の通信システムの構築を促したろう。諸国政庁によるものもあれば、民間でもまた通信組織を生み出すことになった。そういう中での通信教育である。

『古事記』に先立って、谷重遠は澁川春海に『日本書紀』の神代巻の教えを、やはり通信で受けている。これも『神代初問』『神代再講』『神代三批』としてまとめられているのだが、その中の一冊に、

此ノ一冊九月廿八日託二ス飛脚一ニ十月五日飛脚死二ス于生田ノ浦一ニ
此冊入レ海ニ全十六日拾ヒ來リ同廿四日又託二ス飛脚一ニ十二月十六日批来

という重遠の覚え書きが書き込まれている（『神代三批』一、最終丁）。すぐ前に書かれてあるのは送り主の署名「元禄丁丑九月廿八日　谷重遠拝」と宛先の「都翁先生　侍右」。

「都翁」とは春海のことだ。「都翁」は「ツツジ」と訓《よ》む。「江戸で京都のことばかり語るので、都の翁と呼ばれています」という春海のことばが残されている（谷重遠『甲乙録』二―88）。

この署名と宛先の間に、朱で「十一月廿三日源都翁加朱　是再々通也」とあるのは都翁《つつじ》先生による返信の字だ。つまり、九月廿八日に質問状を書いた重遠はその質問状を飛脚に託したのだが、その飛脚が十月五日に生田浦《いくたのうら》（神戸三宮付近）で死亡し、質問状は海に落ちてしまった。

それが拾われて十六日に送信者重遠のもとに戻ってきたので、あらためて二十四日に江戸に送ったのだという。通信システムに従事する者たちの責任感が窺えるとともに、それゆえの信頼があったこともわかる。そして受け取った春海が質問状に回答したのが十一月二十三日で、それが重遠の家に届いたのが十二月十六日だというのが、この覚え書きからわかることである。

これを見たときの心躍る感覚は忘れられない。ともすれば研究史の一コマでしかないような一編の古文書が、まぎれもなく、時代を生きた人々の息吹なのだ、と感じられた瞬間だった。冷静になって考えれば当たり前のことなのだが、理屈ではなく、目の前の資料自らそのころの人々の息吹を身体的に伝えてくれた。そのことに身が震えた。

このとき以来、あちらこちらの図書館に所蔵されている江戸時代の研究書やテキストに書き込まれた注釈を見るのが好きになった。学問的内容もさることながら、研究書や書き入れを遺した遠い先輩たちの背中越しに、テキストを見る面白さを発見したのである。

そしてそれらの中に見える大先輩たちの学問的交流の痕跡。

とりわけ興味深いのは、やはり澁川春海と谷重遠の師弟である。江戸と高知と遠く離れた場所で書簡を通じてのもの学びであった二人は、十年を経て一度だけ面会することができた。そのときの様子を中心に、元禄時代の学者たちの世界を少しだけのぞいてみよう。

一、谷重遠と澁川春海

谷重遠、学問を始める

谷丹三郎重遠は寛文《かんもん》三年（一六六三、癸卯年）の生まれである。土佐国（高知県）の旧領主である長宗我部《ちょうそかべ》氏に仕えた郷士だが、本姓は大神《おおみわ》朝臣といい、神職の流れである。学問好きで記憶力に優れ（「強記絶倫」と伝記――活字版『秦山集』所収――にある）、幼くして四書を学び、寺に出入りして二ヶ月足らずで法華経を誦することができたという。そんな重遠が上京して、高名な儒者、浅見絅斎《あさみけいさい》を訪ねたのは延宝《えんぽう》七年（一六七九、己未年）六月、重遠十七歳（当時の数え方だから今だと十五、六歳。高校一年生くらいである）のことだった。絅斎からは、さらにその師の山崎闇斎《やまざきあんさい》にも紹介され、重遠は山崎闇斎、浅見絅斎という二人の儒者から教えをうけることになった。

山崎闇斎は気性激しく学問を極め儒仏神道に通じた希代の大学者である。詳細については田尻祐一郎『山崎闇斎の世界』（平成十八年2006、ぺりかん社）に譲ろう。映画『天地明察』では宴席で踊ったり、主人公をかばって英雄的活躍をみせたりしていたが、もっと謹厳実直で厳しい師であったと伝わる。元和《げんな》四年（一六一八、戊午年）の生まれだから重遠が入門したころは闇斎六十一歳。最晩年の弟子といっていい。闇斎が亡くなるのはその四年後だ。

闇斎には多くの弟子がいる。儒学では浅見絅斎、三宅尚斎《みやけしょうさい》、佐藤直方《さとうなおかた》。神道では正親町公《おおぎまちきん》通《みち》、土御門泰福《つちみかどやすとみ》、出雲路信直《いずもじのぶなお》、梨木《なしき》兄弟、大山為起《おおやまためおき》、植田玄節《うえだげんせつ》そして澁川春海。

現在の四条室町交差点

安井算哲邸があった場所は未詳。四条通の一本北の錦小路には木下順庵邸もあったし、烏丸通を挟んで浅見絅斎邸もあった。

また、この交差点から室町通りを南に下り綾小路を西に入ると「本居宣長先生修学之地」と刻まれた碑がある。春海よりやや下った時代の儒学者、堀景山の屋敷があった地でもある。

山﨑闇斎邸跡（京都市上京区）
下立売通を堀川通との交差点から一本西に入って北に上がったところに山﨑闇斎の学塾があった。ちょうど堀川通を隔てた反対側（東側）には闇斎と同時期に活躍した儒者、伊藤仁斎の古義堂がある。ひょっとすると闇斎さんと仁斎さんは、堀川にかかる橋の上でときどきすれちがっていたかもしれない。

若い重遠が闇斎の講筵《こうえん》（講義授業）に臨んだときには、澁川春海——まだ安井算哲と名乗っていた——の姿を遠くから目にするだけで、話したこともなかったらしい。

京への遊学をすませて帰国した重遠は、国守山内豊房《やまのうちとよふさ》の庇護を受け、家中《かちゅう》の士を相手に学問を講じもしたが、天和三年（一六八三、癸亥年）に高知郊外、今の土佐山田に居を移し自らの学問に専心する。そして元禄《げんろく》七年（一六九四、甲戌年）、春海に書簡を送り、弟子となる。もともと重遠は闇斎に天文暦学を学ぼうとしたらしい。だが闇斎が亡くなり自身も土佐国から出られなかったために書簡で、すでに天文学者としても知られ闇斎門下では兄弟子ともいえる春海に改めて教えを乞うことにしたのである。

春海先生に入門する

澁川春海は寛永《かんえい》十六年（一六三九、己卯年）閏《うるう》十一月三日京都四条室町《しじょうむろまち》の生まれだと伝える。姓は源氏。彼もまた小さいときから聡明で算術を得意としていた。京生まれ京育ちで、儒学もよく学んでいたし、家業の囲碁の道で幕府要人とも付き合いのあった若者であった。闇斎のもとで学んで、公卿や神職たちとも付き合いが深まった。

重遠が上京したころはちょうど四十を過ぎたころで、すでに天文学者として知られていた。間もなく貞享暦が採用され、初代幕府天文方に任命されようかというころである。

以来十年。元禄七年の春、五十を過ぎた春海（ちょうど保井助左衛門を名乗りだして間もなくのころだ）の屋敷「新蘆亭《しんろてい》」に高知から三十を過ぎた重遠の書が届く。国から休暇を得て江戸の先生のもとにゆき学びたい、と。このときの重遠から春海への「書」（手紙）がある（『秦山集』八）。

　澁川先生に上《たてまつ》る。〔甲戌〕

　土佐の国の游民《ゆうみん》谷重遠、斎沐《さいもく》再拝し、謹《つつしみ》て書を澁川先生の侍右に献ず。

　昔、垂加先生在せし時、講問の席、屢《しばしば》先生の徳容を拝し、唱喏を進止に通ずることを獲《う》。某《それがし》時に垂髪未だ知識有らずして、既に天下の逸才、千歳の一人為《た》るを聞く。心窃《ひそか》に之《これ》を欽《つつし》む。記得す延宝庚申の冬。彗斗牛《とぎゅう》の間に出《いづ》。垂加先生自ら起て、戸を開て仰ぎ視し。占験鑑戒教喩刻《とき》を移し談論従容、天文星暦の学に及び、先生を称して郭守敬《かくしゅけい》に光有りと為《す》。賞歎嘖嘖、因て某《それがし》時を以て従ひ学ぶことを命せり。某《それがし》固より教を請に渇すといえども、小学四書課業暇《いとま》無く、先生亦往々江戸に在り。故を以て志を遂《とぐ》ること能《あた》はず。而して垂加先生も亦世に即《つ》けり。爾来茲に一紀。窮僻に跧伏、侍奉に従事、死喪の戚み、嫁娶の会、事端窮無く、歳月因循。未だ追笈の策を決すること能はずといへども、然れども私心拳々、未だ嘗て一日二日にして懐に往来在らずんば、夤縁間濶、声問及ばざる奈何。

仰徳の余、去年数々阿部豊君の臣三宅某《なにがし》に簡して之を問ひ、幸に先生比年以来出処法有り、起居納福の詳を悉くすことを得《う》。景恋益ゝ湧き、黙止すること能はず。今春終に有司に聞し、請に百日の暇を以てす。設し兪允を得は、将に不日に道を引き、門下に伺候し、可否の命惟閣人に聴んとす。但自顧に名迹鄙賤、恐は記認を蒙こと能はずして、且半面の識を以て、過分の願を犯す。假《たと》ひ僥倖拝謁を許令《ゆるさしむ》とも、立談の間、安《いづく》んぞ敢て威厳を干《かん》冒《ぼう》して、以て是の私懇に及んや。因て謹んで書を裁し預め侍右に献ず。伏して惟ふに先生幸ひに拒却すること無く、異日如《も》し姓名を下執事に通ぜば、冀《ねがは》くは一面を賜ひ林下三十年を以て之を視ること勿《なく》んば、某《それがし》感恩の至に勝へず。

嗚呼、日月星辰は象之天に見る者なり。我其の盈縮遅疾の道を知らず。寒暑昼夜は、気の地に行はる、我其の分至啓閉の宜を知らず。此れ既に大哀すべきにして、間々曾て経伝子史を繙閲し、言ふに天官暦象に及ぶこと有れば、則ち茫洋向若、手を拱して睡を思ひ、亦斯に困じぬ。兼て亦惟念す。生まれて先王と時を同じくせずんば、則ち已《や》みぬ。而して幸ひに時を同じくす。先王の名を聞かずんば、則ち已みぬ。先王の面を識らずんば、則ち已みぬ。今や、既に同門聚首の因有りて、山斗景仰の慕を懐く。亦一日に非ず、然して一たび門下に踵て、以て古今に度越する妙算に聞くこと能はずんば、則ち惟れ後人肉眼不識の憫笑を取るのみならず、又安くんぞ千歳無窮の憾《うらみ》を貽さざることを知らんや。此れ僕の愚。高明を浼瀆して措かざる所以の本意実に利沢声明の託、世情炎涼の術有るに非ず。

伏して惟ふに、先生其の愚懇を憐れみ、席末に侍ることを許し、示すに一二極卑極拙の門路を以てし、其れをして漸次入頭の手段有り。某《それがし》特に其の宿昔夢寐の望を償ふのみならず、垂加先生平日涵養の余教も亦先生に頼みて終へん。幸甚幸甚、資性鈍滞、加ふるに告仮限有るを以てす。固より輒く底蘊罄竭の私願《ねが》ひを致す。接光期有り。某《それがし》抃躍喜歓の至りに勝へず。紹介に依らず、率爾に具状す僭越の至り、併せて鑑宥を乞ふ。二月望日、重遠恐惶再拝。

なんとも難しい漢文だが、それだけ気負いがあるのだろう。「土佐国の遊民、谷重遠が身を清めまして澁川先生に書をさしあげます」と始まる文章は、「昔、垂加先生（山﨑闇斎）の講義の席にあったときにしばしば先生の姿を拝見いたしました。まだ幼かったわたしは先生の御高名を聞くだけでした。延宝八年（一六八〇、闇斎が没する前年）の冬に彗星が出現し、垂加先生と観察した折に、先生が郭守敬《かくしゅけい》（元《げん》代の高名な天文学者）に匹敵すると褒めていらっしゃいましたのをうかがい、先生に教えを受けることを決めました。しかし、外《ほか》の勉強もせねばなりませんし、先生も往々江戸にいらっしゃって機会がありませんでした」というような意味が第一段落の内容だ。そのあと「垂加先生もこの世をさり、わたしも冠婚葬祭、個人的事情やらなんやらがありましたが、先年阿部豊後守さま（老中である）の臣、三宅尚斎さんから先生のことを伺い、先生を慕う気持ちが押さえきれず、この春、お家《いえ》（主君、山内家）に届け出て百日の休暇をもらえました。つきましては先生の講義の末席に加えていただきたく書をさしあげる次第です」というのが次の段落。自身の浅学を恥じ、先生を称える以下の文は略そう。

ここには「百日の暇」を申請したので、教えを受けに江戸に行くとあるが、この後、三月、四月と続けて書かれた春海への手紙を見ると、結局主君——土佐国大守山内豊房——の許しが出ず、書にて教えを受けるということに落ち着いたらしい。

重遠が息子の自直（谷垣守）の元服にあたってまとめたと思われる「谷氏族譜」（『秦山集』四十九）の元禄七年条に「書を以て澁川翁に天文神学を学ぶ」（傍点、志水）とわざわざ書くところには、重遠の著述姿勢——たいへん几帳面である——がうかがえるが、春海に学ぶことのできた喜びと土佐に禁足された悔しさの思い出も込められているのだろう。

澁川春海の伝記は、弟子筋から澁川家に養子に入った澁川春水——仙台の天文学者で入間川重恒の名の方が知られている——が『春海先生実記』と題して伝えている。そこには春海の高弟が次のように列挙注記されている。

天文の高弟は、会津侯、土州の谷丹三郎、薩州の本田武兵衛、黄赤師。
暦術の高弟は、幸徳井氏、武江の猪飼豊次郎、谷氏、本田氏。
神道の高弟は、光国卿、会津侯、跡部氏、谷氏、赤師。
兵学の高弟は、光国卿、会津侯、谷氏、山﨑氏、赤師。

天文・暦術・神道・兵学と、春海の学門領域があげられていて、そのすべての項目に「谷丹三郎（谷氏）」、つまり重遠の名が見える。

保科正之とお公家さま

右に見える弟子たちのうち光国《みつくに》卿とは水戸中納言光国卿すなわち水戸の御老公徳川光圀卿である。また会津侯《こう》とは保科肥後守正之《ほしなひごのかみまさゆき》。どちらも神君《じんくん》徳川家康公の孫で三代将軍家光公亡きあと、若くして将軍職を継いだ家綱公を輔佐した政府要人だ。

保科侯について、こんなエピソードを春海が重遠に語っている（甲乙録四-123）。

先年御即位を賀する上使保科肥守摂家《せっけ》を訪ふ。皆他出と称して遇《あ》はず。当官の関白一條殿《でん》下《くわ》対面す。主人立て烏帽子《えぼし》、狩衣、上段に坐す。肥守《ひごのかみ》下段に拝謁して退く。武城に帰り都翁に謂ひて曰く、於宇辺伊奈留茂乃《おうへいなるもの》と。

東山天皇御即位にあたって、お祝いの使者として上洛した保科侯が摂家——近衛家・九條家・二條家・一條家・鷹司の藤原氏嫡流五家。公家のトップ——を訪問したものの、みな外出中といって会ってくれなかった。当時関白であった一條冬経《ふゆつね》殿下には対面できたが、一條殿下は立烏帽子に狩衣姿で——公家のカジュアルな格好。将軍家上使である保科侯は直衣（正装）で臨んでいたであろう——御殿の上段の間に座っていた。保科侯は下段で拝謁して退出した。江戸城に戻って春海（都翁）にいうには、「横柄《おうへい》なものよのぅ」、という話。ただしこの話は、関白が横柄なことをいいたいわけではなく、春海は「蓋し上段は親王・大臣の外、居るべからず。勅使上段に勅命を伝え、大刀・折紙、主人拝し了へて、床上に置く。畢へて勅使乃ち中段に坐す。其の身納言なればなり」という身分に即した席次についてのきまりを語ろうとして話題にしたもので、オチは、

今、儒者は或は上段に書を講じ、門人をして下段に坐しむ。何其れ僭する甚だしき。

となる。「礼だの義だの唱える儒者の中には、教え子を下段に座らせて自らは上段に座り講義をする者がいる。いったい何様のつもりでしょうね」、ということだ。

保科正之侯にせよ水戸光圀卿にせよ、春海にとってははるかに身分高いお殿さまである。弟子というのは教えを受けたという関係を示すもので、春海にとって二人はむしろ彼の学問の庇

護者的存在でもあった。保科侯や光圀卿との学問の場では、春海は弟子（保科侯・光圀卿）より下段に座して講談（講義・談論）したに違いない。

水戸光圀と仲間たち

また、かつては講釈、近くはTVの時代劇で、世直しの旅をした三つ葉葵のご隠居として知られる水戸光圀卿は、『大日本史』の編纂を命じ、契《けい》沖《ちゅう》（寛永十七年1640～元禄十四年1701）に『万葉代匠記《まんようだいしょうき》』を書かせ、自らも『万葉集』の注釈書を著した学者大名で、神道方面では『神道集成』編纂の仕事などの業績を残している。水戸の御老公は自らの学問と信念により「彰考館《しょうこうかん》」という調査研究機関を設置した。人生のほとんどを江戸で過ごし、晩年は水戸の西山荘《せいざんそう》に居を移しながら、彰考館所属の研究調査員を全国に派遣し、文献調査や実地踏査を行わせたのである。各地に派遣された調査員で彰考館の総裁をも務めた佐々《ささ》宗詢《そうじゅん》と安積覚《あさかかく》は後世の「ご隠居の世直し旅」の伴《とも》、「助さん・格さん」のモデルになった人物として知られている。

安積覚（明暦《めいれき》二年1656～元文《げんぶん》二年1738、総裁には元禄六年就任）という学者の跋文《ばつぶん》（あとがき）が付いて出版された書の一つに栗山潜鋒《くりやませんぽう》――彰考館総裁を勤めた人物の中の一人（寛文十一年1671～宝永《ほうえい》三年1706、総裁には元禄十年就任）――の『保建大記《ほうけんたいき》』という著述がある。「保建」とは保元《ほうげん》の乱、建久《けんきゅう》の乱という中世の動乱の呼称のことだ。この書と邂逅した重遠は、その主張に共鳴し、それをテキストとして門人に講義を行ったらしい。後にその講義録が『保建大記打聞《うちぎき》』として公刊されている（享保《きょうほう》五年 1720）。「打聞」というのは「講義録」というような意味だ。

師曰く、吾も人も日本の人にて道に志あるからは、日本の神道を主にすべし。其の上に器量気根もあらば、西土《もろこし》の聖賢を読みて羽翼にするぞならば、上《うへ》もないよき学なるべし。是、舎人《いへひと》親王の御本意、恐れながら吾等内々の志なり。……儒者は人の国をひいきし、吾が国の道を異端のやうに心得てそしり、各異をたてて湊合根著せず。学風が薄く猥りにして見るに足らぬぞ。吾これを憂ひ、内々同志と講習して天下の学風の助けにもなる様にしたいと思へども、山﨑先生は過去りたまひて久しく、浅見安正は晩年神道に志は出で来たれどもやうやう一両年の内卒去めされてうしろだてにすべい先輩なく、其の外、名ある学者たち多くは斉国・魯国のせんさくを第一にして、吾が国に懇切なる志なく、又は神道を尊敬はせらるれども未伝受なり。

と始まる講義。浅見安正（絅斎。正徳元年没）が「一両年の内卒去」とあるが、安積覚の跋文の年紀が正徳五年なので、重遠はこの書を入手して——出版前に入手した可能性の指摘もある（平泉 1940）——すぐに一読、講義をしたようだ。

冒頭、強く「日本」を打ち出して始まるこの講義はのちの明治維新に至る思想運動の源流の一つに位置することになる。わたしの手元にある『保建大記』は、隠岐国の大西訥旧蔵の版本だが、全編にわたって朱で、同じ隠岐の中西毅男から『保建大記打聞』を借りて、重遠による注を書き写し込んでいる。『保建大記』を学んだ痕跡だ。この書き込みは慶応二年に行われた。まもなく隠岐騒動――勤王思想のからんだ隠岐島の松江藩に対する自治独立運動――がおこるその前夜というべき時期だ。幕末の『保建大記』受容の一面がうかがえる。

『保建大記打聞』は「師曰く」とはじまる。「打聞《うちぎき》」とは講義録ということだから、「師」が指すのは直接には重遠のことだが、しかし重遠自身の「師」である澁川春海の学問をも含んでいると考えていいだろう。この講義で語られる内容は春海のことばをうけとめてのものだと思う。重遠は春海のことばをこう伝える。

神道、我が国の道、学者当《まさ》に切要に講究すべき所なり。往古、我が国神道を以て天下を治め、他道を雑《まじ》へざること、数千歳、国家乂安《がいあん》なり。中古、儒仏二教我が国に入り、学者彼の広大精妙の説に耽《ふけ》り、我が質朴簡淡の味を忘れ、二教国に満ち、神道无《な》きがごとし。偶《たま》々之《たまこれ》を説く者は、儒を雑へ仏に混し、和泥合水なり。（「甲乙録」一‐8）

また、重遠は「神道を主として、才能としっかりした思想があるならば、外国の学問を補助

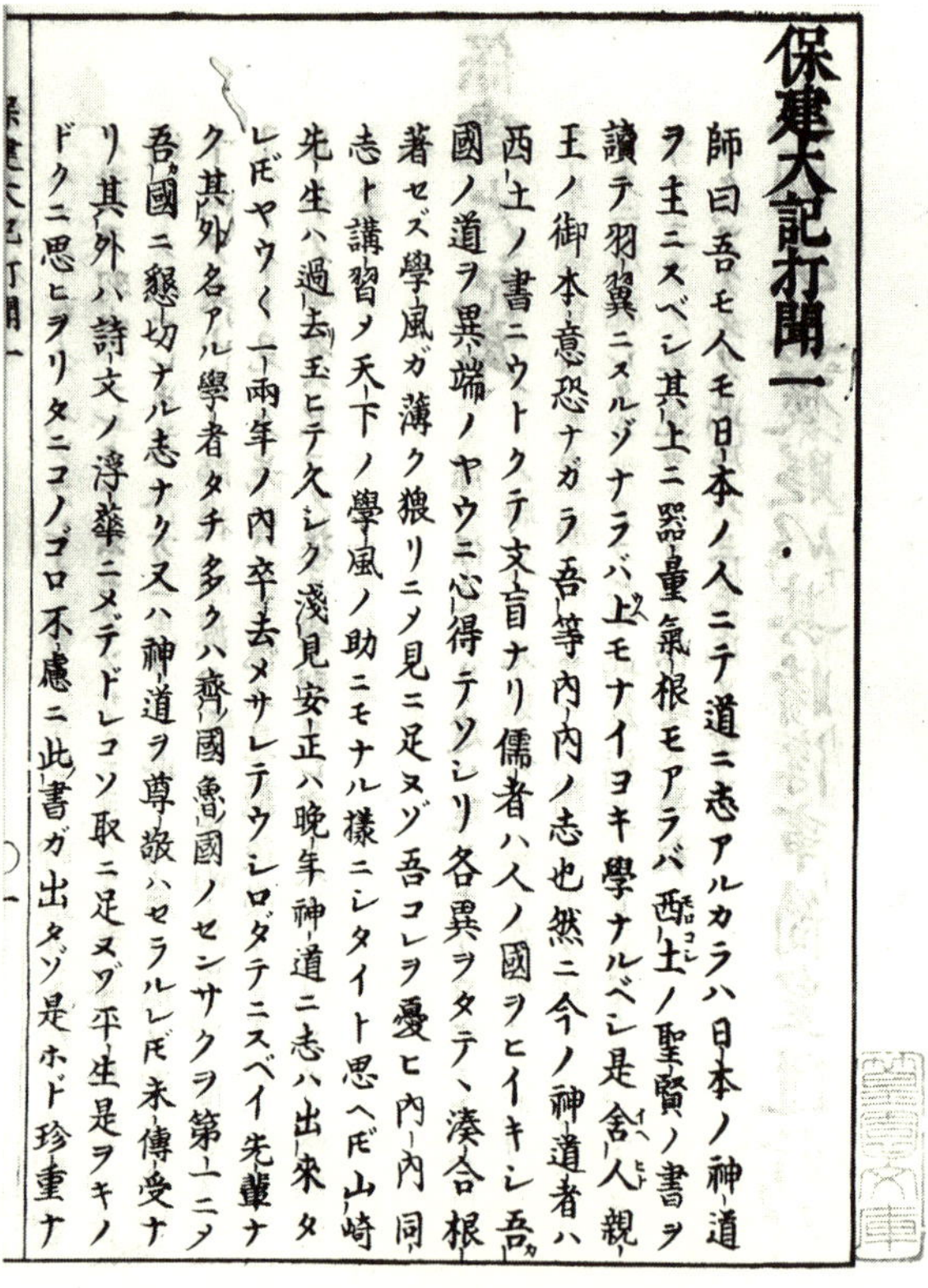

保建大記打聞一

師曰吾モ人モ日本ノ人ニテ道ニ志アルカラハ日本ノ神道ヲ主ニスベシ其上ニ器量氣根モアラバ西土《モロコシ》ノ聖賢ノ書ヲ讀テ羽翼ニスルゾナラバ上モナイヨキ學ナルベシ是舍《イヘ》人《ヒト》親王ノ御本意恐ナガラ吾等内-内ノ志也然ニ今ノ神道者ハ西土ノ書ニウトクテ文盲ナリ儒者ハ人ノ國ヲヒイキシ吾カ國ノ道ヲ異端ノヤウニ心得テソシリ各異ヲタテ、湊合根著セズ學風ガ薄ク猥リニメ見ニ足ヌゾ吾コレヲ憂ヒ内-内同志ト講習メ天下ノ學風ノ助ニモナル樣ニシタイト思ヘドモ山崎先生ハ過去リ玉ヒテ久シク淺見安正ハ晩年神道ニ志ハ出來タレドモヤウ〳〵一兩年ノ内卒去メサレテウシロダテニスベイ先輩ナク其外名アル學者タチ多クハ齊國魯國ノセンサクヲ第一ニメ吾國ニ懇切ナル志ナク又ハ神道ヲ尊敬ハセラルレドモ未傳受ナリ其外ハ詩文ノ浮華ニメデドレコソ取ニ足ヌヅ平生是ヲキノドクニ思ヒヲリタニコノゴロ不慮ニ此書ガ出タゾ是ホド珍重ナ

保建大記打聞一

保建大記打聞（著者藏）

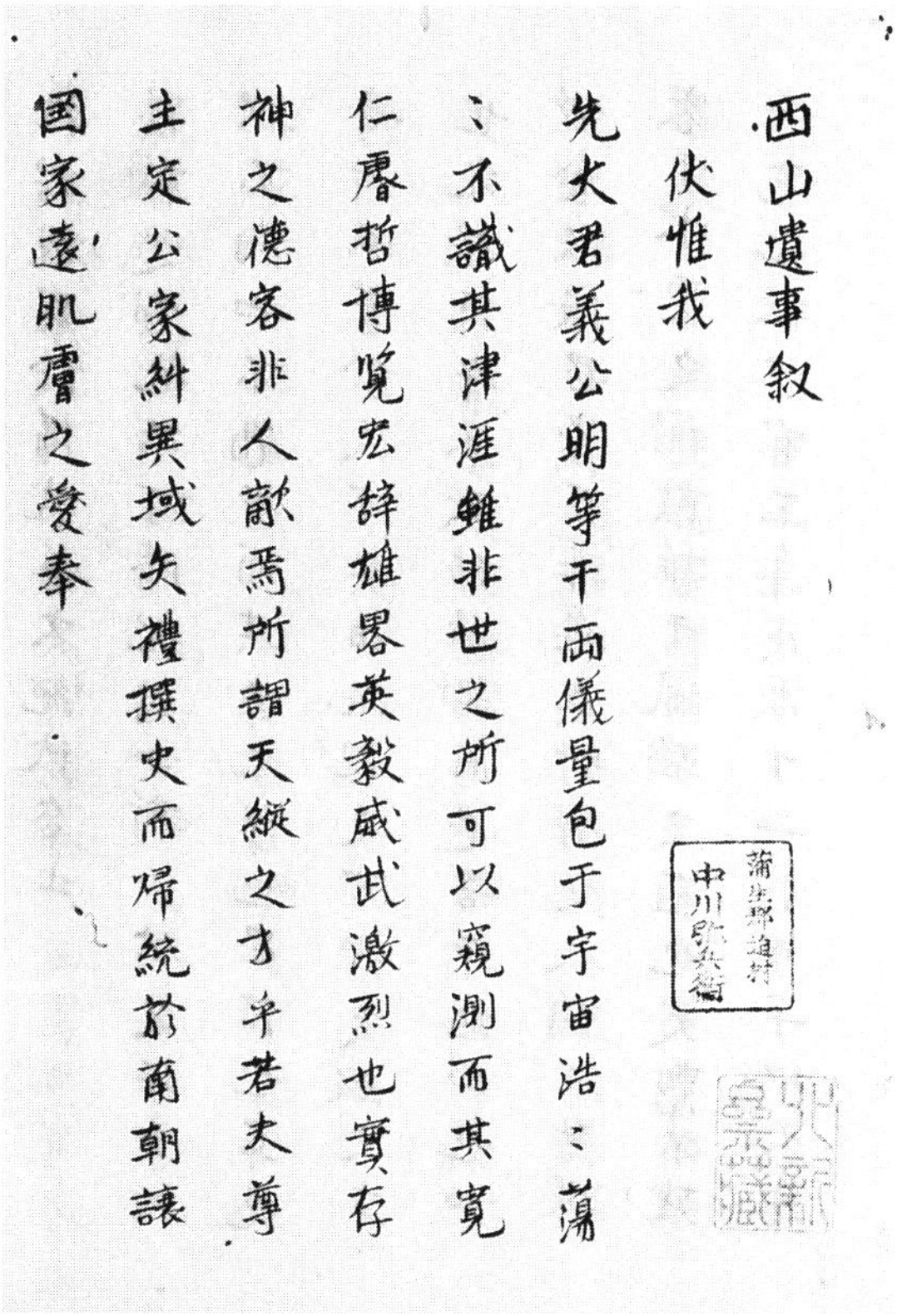
西山遺事叙
伏惟我
先大君義公明等于两儀量包于宇宙浩〻蕩
〻不識其津涯雖非世之所可以窺測而其寛
仁睿哲博覧宏辞雄畧英毅威武激烈也實存
神之德容非人歟焉所謂天縱之才乎若夫尊
主定公家糾異域矢禮撰史而帰統於南朝譲
國家遠肌膚之愛奉

西山遺事（東海大学文学部日本文学科蔵）

としなさい」というが、これが「和魂漢才」として、さらには「和魂洋才」として明治以降の日本を動かす方法論の一つとなってゆく。

『西山遺事』と谷重遠

さて、土佐山内家宝物資料館の山内文庫には『西山遺事』という書物の写本も伝わっている。「西山」とあるように、水戸光圀卿の伝記で、安積覚らの編纂である。わたしの勤める東海大学文学部日本文学科でも『西山遺事』の写本を持っていて、蔵書印は、「北新桑蔵」と朱印があり、その上に「蒲生郡迫村中川弥兵衛」という墨印が押されている。中川弥兵衛さんが誰かは定かではない。織田信長麾下の武将の中川さんは時代が違う。江戸時代なら京の姉小路堀川に中川弥兵衛さんが出版社を経営しているが、住所が違う。蒲生郡迫村はいまの滋賀県蒲生郡日野町だ。ともあれ、転々として日本文学科にやって

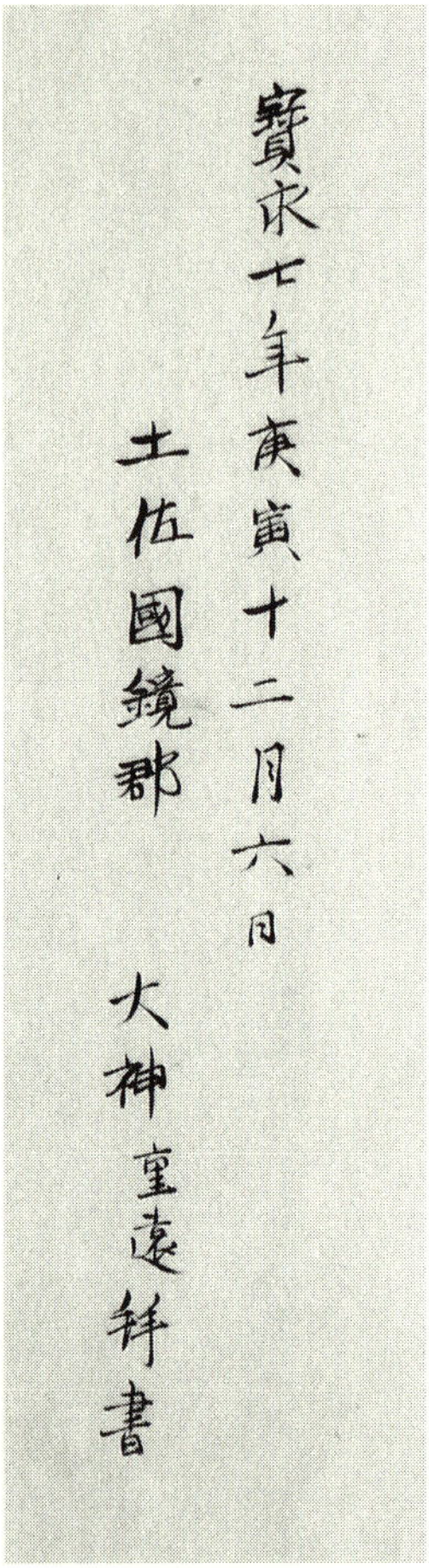
寶永七年庚寅十二月六日
土佐國鏡郡
大神重遠拜書

西山遺事末尾
（東海大学日本文学科蔵本）

きたこの写本には、最後に谷重遠の跋文が付いている。山内文庫本の『西山遺事』を祖とする写本群の一つだ。

インターネットであちらこちらの図書館が蔵《おさ》めている『西山遺事（桃源遺事）』を見ると重遠跋文の本はかなり流布しているようだ。例えば国文学研究資料館が公開している市立函館図書館蔵本の末尾。「宝永七年庚寅十二月六日　土佐国鏡郡大神重遠拝書」とあり、文政七年に内藤光享が書写したとある。慶応義塾大学図書館がGoogleBooksに提供している同館蔵本も「寶《ほう》永《えい》七年」云々とあり、これは天保《てんぽう》十五年に狩野保麿さんが書写した本。麗澤大学図書館田中文庫本も目録によれば「宝永七年」の重遠の署名があるらしい。彰考館の仕事も手伝った和学講談所の塙《はなわ》保《ほ》己《き》一《いち》（延享《えんきょう》三年1746～文政《ぶんせい》四年1821）によって編纂が始まった『群書類従《ぐんしょるいじゅう》』（我が国伝来の書籍を集めたもの。正・続・続々・新の四シリーズがある）に収録された『桃源遺事』も、重遠の跋文のある本文だ（『続々群書類従』第三〈史伝部〉所収）。

春海がしばしば言及する水戸の老学者のことは重遠にとっても関心が深かったのだろう。

春海先生と西山公

重遠が春海先生に神道の教えを受けたとき、御老公は西山荘にまだ存命であった。春海が光圀卿の学問について面白いコメントをしている。（『新蘆《しんろ》面命《めんめい》』）

○黄門日本史三百巻有て、大友の皇子を帝位に被成《なされ》、王代一代多し。是《これ》志賀即位の記と云《いふ》偽書を信じて如此《かく》被成《なされ》候《そうろう》。惣じて水戸殿書物被好《このまれ》候《そうろう》故《ゆゑ》、天下より偽書多く集り候。舎人は天武の皇子故、大友の事私を被遊《あそばされ》候など〻被仰《おおせられ》候。腹ふくる〻事也。

水戸の御老公の業績として知られる『大日本史』は南北朝時代の南朝を正統とし、また天智天皇の近江朝廷の後継者、大友皇子――壬申の戦いで大海人皇子（天武天皇）に敗れた――を正規の天皇として認めたので有名だ。この大友皇子を天皇と判断した根拠が「志賀即位の記」という書物で、実はそれは偽書であったと春海はいう。そして、「総じて水戸殿は書物をお好みなさいますので、世の中から偽書も多く集まったのですよ」と評する。つまり情報量が多すぎて妄説に惑わされたというのだろう。さらにご老公は、「舎人は天武の皇子なので、大友のことを個人的に悪く書いたのだなんて言われるのです」という。大友皇子は天武と争って負けたわけだが（壬申の戦い）、もし大友皇子が即位していたら大海人皇子（天武天皇）は皇位簒奪者となる。だから天武の子である舎人親王は日本書紀において大友皇子のままとしているという論理だ。それに対して春海は「腹ふくるる事也」と不満を表明している。

先程の保科侯の話といい、春海先生、なかなか辛口、辛辣な発言をする人だったらしい。

澁川春海と西山公

さて、元禄七年に土佐から書簡をもって澁川春海先生に入門した谷重遠。二人の間の膨大な通信物が残っている。書簡であるから、重遠サイドからの発信は基本的に残されてないが、学問的な、とりわけ記紀に関する質疑応答は前述の通り両者の意見がそのまま残されているし、その質疑応答書に添えられた、あるいは重遠の質問への春海先生の回答書、さらには日常的な書簡も今に伝わっている。それらによりわたしたちは澁川春海の学問を知ることができるし、また春海が学んできた中での見聞も知ることができる。丁寧に、それらの書簡や聞き書きを重遠は整理して漢文で書き残し、息子谷丹四郎垣守や弟子によって他の著作とともに『秦山集』として編纂されて、さらに子孫である谷干城《たてき》――西南戦争の際に熊本城を守った司令官として知られている――によって活字化され出版された。わたしたちはそれによって彼らの学問の姿に触れることができるのだ。

二、澁川春海の「学問」

武家の学問

時は元禄十五年師走十四日深更、降り積もった雪の中、江戸両国橋近くのさる政府高官の屋敷で起きた殺戮事件。一人の老人が四十八人からなる火事装束の集団に襲われ首を獲られた。世に言う赤穂事件である。襲撃を受けた屋敷では前日に茶会が催されていた。そこに一人の学者が出席している。羽倉斎《はくらいつき》。「荷田春満《かだのあずままろ》」の名で賀《か》茂真淵《ものまぶち》や本居宣長《もとおりのりなが》とともに〈国学の四大人《したいじん》〉の一人に数えられる学者である。このころ澁川春海、当時の名で保井助左衛門はまだ本所《ほんじょ》（東京都墨田区）の司天台《してんだい》（天文台のこと）で天体観測の仕事に従事していた。まさに赤穂浪士討ち入りの現場の近くに住んでいたのである。

さて、この有名な事件の発端は浅野内匠頭《たくみのかみ》の刃傷《にんじょう》事件にあるが、その現場となった勅使饗応の儀式は将軍綱吉の朝廷に対する態度を示す場でもある。生類憐みの令や母、桂昌院への叙位をめぐる悪評で綱吉将軍の印象は、巷間良くは伝えられていないが、暗君ではない。理にかなうことを行動原理として、人としての理想を追い求めた学者将軍である。この勅使饗応に至る過程、また浅野事件に関する動きをみると、儒学的理念がそここに見える。母桂昌院の授位へのこだわりは孝道に由来するだろうし、朝廷へのはたらきかけも授位への工作というよりは、朝廷と征夷大将軍との関係、つまり忠義へのこだわりがあるだろう。そして儒学は礼すなわち形として見せることを重視する。勅使饗応の場を穢した内匠頭への速やかすぎる処断は礼にかなうことを求めた行動原理が引き起こしたという側面は重要だ。だから、浅野家の遺臣が亡君の遺恨をはらした吉良邸襲撃事件で浅野家遺臣への姿勢がブレるのは彼らの行動に将軍自らの思想信条と重なるものがあったからだろうし、一方の遺臣たちもまた将軍と同じ思想信条を行動原理としていたはずだ。赤穂事件をあつかった作品には、とくに近代の作品には、朝廷や将軍、浅野家、吉良家などの人物たち相互のさまざまな駆け引きを描くものが多いが、それは近代的庶民性で事件をとらえて再表現されたものだ。朝廷の王卿、幕府の諸臣、諸家の侍たち、彼らの学問レベルを侮ってはいけない。学問が人々の行動を縛り動かしていた時代があったのだ。それぞれのステータスにかなう生き様に殉じることを良しとしていたのである。身の程をわきまえていたといいかえてもいいだろう。

綱吉将軍は学問を身に修めた立派な将軍である。

武士の行動原理の指針となるのは「学問」である。「学問」は世の中を動かしてゆくための原理原則なのだ。彼ら自身の行動を律する価値観の体系である。単なる知識でも技術でもない。学問とは「人間としての総て」なのである。

澁川春海の「学問」

澁川春海は天学家（天文学者）である。神道家でもある。重遠が教わった「天文・暦術・神道・兵学」、これらは春海にとり一体として「学問」であった。

澁川春海に『瓊矛拾遺《とぼこしゅうい》』と呼ばれる神道の著書がある。早稲田大学図書館に伝えられた本は「源春海印」という朱印が押されているので、おそらく春海自身による定本と思われるが（元禄十五年以降に補訂されているらしい）、表紙を開いて本文最初の書名の下には「天文生」という朱印も見える。「天文生」とは朝廷の陰陽寮に属し、天文博士のもとで天文の道を学ぶ者のことだ。奈良時代に施行《しこう》された令《りょう》に、

陰陽寮

頭一人掌天文暦数風雲気色有異密封奏聞事　助一人　允一人　大属一人　少属一人　陰陽師六人掌占筮相地　陰陽博士一人掌教陰陽生等　陰陽生十人掌習陰陽　暦博士一人掌造暦及教暦生等　暦生十人掌習暦　天文博士一人掌候天文気色有異密封及教天文生等　天文生十人掌習候天文気色　漏尅博士二人掌率守辰丁伺漏尅之節　守辰丁二十人掌伺漏尅之節以時撃鐘鼓　使部二十人　直丁二人。

という規定がある（官位令）。幕府天文方を勤める春海は、陰陽頭《おんみょうのかみ》兼天文博士の配下として天体観測をしているのだ。このときの陰陽頭は土御門泰福《やすとみ》卿。春海より十八歳若く、しかもともに闇齋の弟子である。映画『天地明察』では頼りなさげな好青年として安井算哲を輔《たす》けていたが、安倍晴明の末裔として、陰陽頭の地位を幸徳井《こうとくい》家（本来、陰陽助を勤めた家柄）から奪還したなかなかの人物でもある。

天皇を「天子《てんし》」ともお呼びする。律令《りつりょう》では祭祀のときに用いる称としているが（儀制令《ぎせいりょう》）、この呼称は「天《てん》」というこの世の道理そのものともいうべき超越的存在を前提とする。そしてこの世を動かすものは「陰（マイナス）」・「陽（プラス）」の「気（エネルギー）」。この世を形象するものは「木《もく》」・「火《か》」・「土《ど》」・「金《こん》」・「水《すい》」の五代元素の気の働きによると考える。いわゆる陰陽五行説《おんみょうごぎょうせつ》である。

「天」は実体を持たないのでこの世の者の中から「徳」のあるものを選び管理を命じる。それを「天命」といい、命ぜられた管理者が「天子」だ。管理する対象が「天下」である。

天は天下が順調に管理されているかを種々の現象で天下に示す。例えば不思議な亀を出現させたり（奈良時代に「神亀」「宝亀」という年号がある）、不思議な雲を浮かべてみたり（奈良時代に「慶雲」という年号がある）、日蝕、月蝕さらには彗星などを出したりして。そうして陰陽の理気が正常に働き、五行が正しく運行しているかどうかを天がわれわれにあやなして見せてくれるのが「天文」である。だから陰陽寮の活動の中心は天文の観測と解読になる。

一方、天子と呼ばれる地上の王者は天下を管理する――治める――条件としてその身に徳があるかが問われる。天下を治めることを「王化」ともいうが、それは天子がその身の完璧な徳をもって人のあり方の範を示し、人々の足らない徳を満たしてゆくという意味である。つまり天文は王者の徳と結びついている。王は絶え間なく天によって勤務評定が行われているわけだ。従って天文の解読は、臣下万民に知られるわけにはいかない。

天体の運行は規則的なものである。これを基準として観測により運行を計算すれば予測することだってできる。これが暦術。暦術により予測される運行の中にイレギュラーが登場したときに、天文博士の出番となる。その意味を解読し、密かに天子さまに申し上げなくてはならない。古風にいえば、吉凶を判断し密奏するのだ。これを天文密奏といい陰陽頭と天文博士の最も大切な仕事となる。

武家が政治を朝廷から託されていた時代（鎌倉時代から江戸時代）に「暦の管理だけは朝廷が手放さなかった」という言い方が歴史物でいわれることがある。その理由は、右のような世界観が根底にあるからだ。天子とそれを輔佐する朝廷にとって、天文暦術は存在の根幹に直結した神聖にして侵すべからざる領域なのであった。

沖方丁『天地明察』ですっかり周知のことになったが、わたしたちの国は平安時代に唐土から移入された暦法――天体運行を予測する数式――を大切に伝え、澁川春海の時代に至った。春海が天体観測を行い、日本の地理的位置に即した暦法を開発した。後に「貞享暦」と呼ばれるこの暦法の採用にあたっては紆余曲折あったが、結局、春海が天文生と称していることは重要なことだろう。春海が幕府の職員であっても、〈天文―陰陽頭・天文博士―天文生〉という天文密奏システムは名目上崩れていないのだ。しかも上司にあたる天文博士は闇齋門下の兄弟弟子である。さらに恩師山﨑闇斎は右のような天下王化の論理、「天命思想」を大切にする儒学の最高水準に世界的スケールで到達した大学者なのだ。

ところで、澁川春海よりやや遅れて西川正休《まさやす》（元禄六年1693～宝暦六年1756）という天学家が登場する。吉宗将軍のもとで、春海の甥の子である若き澁川則休を輔《たす》け天文方の一員として活躍した人物だが、彼の著作に「大略天学名目鈔」というものがある。これは西洋天文学を日本に知らせた『天経或問』（游芸著、正休訓点。享保十五年、江府書林嵩山房刊）の付録であるが、その冒頭に次のようにある。

> 或《ある》初学問《とひ》て曰く、天学を習得《ならひえ》て、何の用有るや。答曰く、天学を習得ては、大略天地の理を窮《きはむ》るなり。聖人の道は格物を以て初とす。格物は何ぞ。万物の理を窮るなり。万物の理を窮ること、天地の理を窮るより大なるは無し。問、然るに尭舜は天学を宗とし、欽敬したまひて、授時を以て、布政の最初と為すといえども、前聖の道を大成したまひし孔聖は、終《つひ》に天学を説きたまはざるは何ぞや。曰く、孔子も天学を説きたまはざるにあらず。夫れ天学に二義あり。命理の天学と、形気の天学となり。性命五常の道理を窮る、是れ位

の命理の天学なり。日月五星の運行推歩測量を修る、是れ形気の天学なり。命理と形気と本二つにあらず。

これを〈天文について江戸時代で到達していた認識水準〉とみていいだろう。

さて天文生澁川春海は幕府天文方として天文を解読しなくてはならない。

澁川春海の天学

星を見て吉凶を占うというと非科学的に聞こえるかもしれないが、春海はその科学化を試みている。「科学」とは、実験観察の結果の集積から帰納される法則に基づいて演繹する思考法のことだ。

天文の解読方法はどのような実験観察の結果を集積して得られるべきなのか。

澁川春海の著作、『日本長暦《にほんちょうれき》』。自らの開発した暦法で日本書紀以来の歴史事項の年次を算出したものだ。ほかに『天文瓊統《てんもんけいとう》』という天文学入門書と評される書物がある。占星術と科学的天文学の過度期的著作とも評される。天体についての概説から始まり、星座の説明や星図などが記されるが――元禄年間の星図が記録されているので、大石内蔵助や初代市川團十郎が仰いだ夜空がわかる――半分以上が、星の位置と歴史的事件との関係を示した内容となっている。

つまり、これが観測結果の集積だ。天体を観測するのも歴史記事を分類するのも、観察という点で同じなのだ。対象が空間であるか時間であるかという違いでしかない。春海は検証の省かれた秘伝としてではなく、計測機械を用いた観察結果に基づく推理を天文密奏という千年伝えられてきた行いの中にもたらしたのである。

これが澁川春海の学問の方法である。

余談になるが、春海は『天文瓊統』も『日本長暦』も書き上げたあと、自ら複製して伊勢の神宮に奉納している。伊勢の神宮は皇祖神を祭るところであり、天子たる天皇の存在の根源である。天文生として宇宙の法則を記した書を納めるのは自然のことだろう。

もっとも神宮に著作を奉納するのはひとり澁川春海だけではない。多くの学者が自らの叡智(書物)を神に献じているのだが、では、そうして献ぜられた書物はどうなっているのか。

現存している。

春海がこの時奉納した本は現在重要文化財指定され、伊勢の神宮文庫と呼ばれる図書館で多くの学者たちから献ぜられた書とともに大切に守られている。

神宮文庫というのは内宮外宮それぞれで前後して開設された調査研究図書館、豊宮崎《とよみやざき》文庫(外宮)と林崎《はやしざき》文庫(内宮)の後裔である。

参詣客でにぎわう伊勢の内宮。タクシー乗り場の脇の石段の上に、幕末の建築だが林崎文庫の施設は残っている。五十鈴川とは反対方向なので気づく人も少ないだろう。また伊勢市駅から外宮に向かって歩いてゆき、鳥居の前をバス通りに沿って左に曲がり、豊川茜稲荷神社の前を通り過ぎた先の信号の脇に、豊宮崎文庫の跡があって、門が残っている。ご遷宮の年であった平成二十五年の九月に訪れたときには、跡地が整備工事の最中であったが、どうなるのだろう？

この豊宮崎文庫を立ち上げた一人が前述した渡会神主《わたらいかんぬし》出口信濃守延佳である。この神官にして学者である人物は山﨑闇斎の神道の師の一人でもある。延佳邸跡も伊勢市から外宮への参道から少し入ったところに残っている。

澁川春海の世界観

さて、学問には世界観がある。学者それぞれの世界観もさりながら、学問が目指すもの、それもまた世界観である。「天文」とは「天下」を判ずるものであり、「天下」は人の営むもので、長い時を経て「今」がある。だから、人の世の歩みは天文すなわち天の摂理まで一続き《ワンピース》のものである。その一続きのものを求めて「学問」がある。遠くは天体の運行、近くは人の営み。歩んできた長い時はさかのぼれば神々による宇宙創成の昔に至り、その時から人々が歩んできた「道」がある。

澁川春海のみならず本居宣長ら江戸時代の学者が常に口にする「道」とは、諸説ありながらも、究極そういうものだ。

豊宮崎文庫跡（伊勢市岡本３丁目）

度会延佳邸跡（伊勢市岩淵１丁目、真珠会館）

という。「学ぶ」とは「真似ぶ」（マネをする）ことだと言われるが、神々の時代から先人たちが受け継いできた姿を真似ぶことが学問なのだ。

澁川春海の『天文瓊統』の冒頭は、天・地、日・月・星辰の概説から始まる。そこでは『日本書紀』神代巻の記述に天文学的認識が埋め込まれている。例えば「地」の項目。

地の体は重濁の滓《し》。渾沌の内に凝る。静に至りて確然として易《かは》らず。能《よ》く空に浮かびて墜ちず。四面皆《みな》人畜、草木生じたり。土は方《ほう》にあらず円にあらず。山谷の形、則ち土なり。水は土の上に浮く。合せて一球を為すものなり。

「地」とは宙に浮かんだ土でできた一球であり、土の上に人間も動物も草木も存在して水もまた土の上にあるのだ、と説く。

「月」についても、

月は太陰の精為《た》り。女主の象《かたち》なり。其の光彩は日に亞《つ》ぐ。又諸侯大臣の類なり。故に日に近くして則ち光斂たり。猶ほ臣の君に近き、則ち卑しくして屈す。遠日に遠ければ則ち光滿つるなり。一日に地を繞《めぐ》る、常に天に及ばず十三度奇す。日に及ぶは十二度三十六分八十七秒半。積ること二十九日に五十三刻奇す。而して日と会する諸々を一月と謂ふ。十二会して一年の常の数なり。其の体は常に円にして闕《か》くること無し。銀丸の如くして光無し。但、常に日の光を受け明と為《な》す。本《もと》より盈《み》ち闕くること無し。人盈ち闕くる有るを看《み》得るのみ。

とある。後半に月は地球を一日一回めぐり、二十九日余で日と出会う、それをひと月という。それが十二回で一年。球体で自らは光らず満ち足りかけたりもしない。それは人にそう見えるだけである、と説く。

現代の天体認識とかわらない。『天経或問』などの叙述と近いところがあるけれども、そこにわたしたちの国の神話が重なって矛盾なく記されているところに春海の世界観がうかがえよう。すなわち、春海には次のような発言がある。

我が国の風は人名を以てこれを称し、神号を奉りこれを崇む。

これは彼の著作『瓊矛拾遺』の中でも肥後細川家の永青《えいせい》文庫や東北大学附属図書館の狩野《かのう》文庫に伝来するやや特殊な本文の中の一節で、『日本書紀』神代巻のはじめのいわゆる「神代七世」に登場する神々を五行に重ねたところの解説に登場する。

わたしたちの国のならわしでは、人の名でこれ（宇宙創成）を呼び、神と名づけて崇めるのである。

自然的存在と人の営みとの間を埋める発言だ。さらに「我が国の風」とある。「風」は「ノリ（法）」と訓まれ（『瓊矛拾遺』の他の写本で春海自ら訓じている）、古くから伝わってきた定まった方法（やりかた）のことだ。人の営みのあり方について「我が国の」と冠しているところに注意したい。

澁川春海の民族意識　すでに師の闇齋からして「西土」（ここ数十年「中華人民共和国」と称する国家が領している地域。今われわれは「中国」と呼ぶが、本書では国際的な名称であるChinaの古くからの漢字表記「支那」を用いよう。なおこれは宛て字で、ローマを「羅馬」、ノルウェーを「諾威」などと書くのと同レベルでの用字である）とわたしたちの国との違いを認識している。あるとき、闇齋が春海に問いを発した。

「京を『洛陽』といったり『長安』と呼んだりしているね。どう思うかね？」

春海が「京の東を洛陽、西を長安と呼ぶのだと思いますが？」と答えると、

「どちらも外国の地名だよ。だからこの都をわたしは『皇都』と呼ぶことにしようと思うんだ」

と答えている（谷重遠「甲乙録」一―6）。明確に彼此《ひし》の間に境界を引いている。闇齋は、『中華』という言い方は正しくない。これは称え名だ。日本紀に『西土《もろこし》』といい『西地』

といい『大唐』とある。これに従うべきだ」
という認識も示したらしい。

名称と認識そしてその名称のになう価値観が意識されている。

当時の儒学者は支那《China》のことを信奉しわたしたちの国を卑下する傾向にあった。古く奈良時代の恵美押勝《えみのおしかつ》がわたしたちの国の政府の部署を唐風に改めたことがあった。「太政官」を「紫微中台」と呼んだり「中納言」を「黄門」と呼んでみたり。

水戸の御老公を「黄門さま」と呼ぶのは光圀卿が中納言の職にあったからだ。その光圀卿は、

「『中華』は国号ではない。「漢」とか「唐」とか「宋」とか「元」とか呼べばよろしい」

とおっしゃっていたそうだ。本人は「水戸黄門」という言い方は好まなかったかもしれない。

江戸時代初期の普通のインテリは支那に憧れていた。ちょうど昭和後半のインテリがマルクス主義に染まって、その理想とする社会が昭和天皇のもとで高度成長期を経て貧富の差の少ない平等な社会として達成されていたというのに、彼らは体制批判をして彼岸の思想を礼賛することで自らを慰めて悦んでいた。江戸のインテリも儒学を学び、それと似たような思想的風潮を作っていた。これを批判したのが山﨑闇斎であり、伊藤仁斎であり、荻生徂徠たちであった。闇斎は儒学者である。孔子さまが主張したことを、その解釈史をたどり、本質を摑んだ。到

達したのは、わたしたちのこの国で生きていく人々のことだ。儒学が大切にするのは、「礼」とか「忠」とか「孝」とか、今風にいえば「コミュニケーションツール」であるが闇斎が問うのは、簡単にいえば〈日本の風土の中で人として生きていく姿勢〉である。

だから、闇齋は支那礼賛者――孔子さま信奉者――に問う。もし、支那が孔子さまを将軍に攻めて来たらどう対処するのだと。降伏か、迎撃か。闇齋は迷わず答える。孔子さまとて、撃つ。なぜならわたしたちは天皇陛下の民としてわたしたちの国を守らなくてはならないからだ。そしてそれが孔子さまのいう〈忠〉ではないかと。この論理は光圀卿のもとで、朝廷と幕府とが戦うとき、どちらを守るべきなのか、というテーゼに展開する。その果てに水戸の尊皇派、全国の勤王思想家の原動力の一つとなった後期水戸学があらわれる。

闇斎たちの時代、〈日本〉が再発見されようとしていた。

光圀卿のもとに生まれた学府が彰考館という組織である。江戸の小石川、京都の水戸屋敷、そして水戸城下に置かれ、綜合的な学問のセンターとなった。日本各地に文献や遺跡を尋ね、資料収集や現地の復元を行っている。例えば「那須国造碑」。現在でも見る事のできる上代の石碑を発見、発掘し保存したのは光圀卿の業績である。ただし、現場で働いたのは佐々宗詢であったが。

彰考館の総裁に、先述の安積覚や栗山潜鋒がいる。潜鋒の著作『保建大記』に谷重遠が甚だしく共鳴したことは先に紹介した。重遠は自ら提唱した学問を「日本学」と称した。重遠の師、澁川春海は闇齋の弟子である。支那とわたしたちの国との違いを意識して、「我が国の風」といっている。春海はその特質として自然現象を人格化し神として大切にするという民族的思考法を見いだしているのだ。

かくして天文学者澁川春海と神道家澁川春海の学問は一つながりとなる。

天を仰ぎ見、地を見つめるのが彼の学問である。

澁川春海の読んだ天文

さて、吉良邸襲撃事件のころ。江戸本所の天文台で星を見ていた澁川春海は、惑星の動きが気になったらしい。金星が日を蝕した。火星の動きもおかしい。大きな火災でも起こるのだろうか。天文を読むのが彼の仕事である。

元禄十六年十一月。東京湾を震源とするマグニチュード八クラスの地震が関東を襲った。

元禄十六癸未年十一月廿日、宵より電(震カ)強く、夜八つ時《どき》頃地鳴る事雷の如し。大地震障子倒れ、家は小船の大浪に動くが如く、地三寸より所によりて五六寸程割れ、砂をもて上《あげ》、或は水を吹出したる所もあり。石垣壊れ家蔵潰れ、空蔵揺あげ死人夥敷《おびただしく》、泣さけぶ声街に囂《かまびす》し。又所々毀ちたる家より出火あり。八つ時禍《まが》津《つ》浪《なみ》ありて、安房上総の人馬多く死す。

内川一ぱい差引四度あり。此時より数度地震あり。相州小田原は分《わけ》て夥しく、死亡のもの凡二千三百人、小田原より品川迄一万五千人、房総一万人、江戸三千七千《（百カ）》余人（内廿九日火災の時、両国橋にて死するもの、千七百三十九人といへり」なりし由《よし》ものに誌《しるせ》り。

（「元禄宝永珍話」『続日本随筆大成』別巻第五巻所収）

江戸も大きな被害をうけたが、むしろ被害が大きかったのは平塚から小田原あたりである。のちに春海は重遠に述懐する。

金星が房宿・心宿に位置づいているかと思えば、離れる。また金星の蝕もありましたから、どのように重く慎むべきかと考えたのですよ。火星のことは宿ることもなく蝕もなく、ただ過ぎていっただけでしたので、さして変わったことはおきないだろうと思ったのですが、近年火星の蝕があって、火災等が多くあったので、これもまた不穏なことだと申しあげたのです。しかし、火災等に慎んでいればとばかり思っておりましたが、このように大地震が起こるとはいまだかつて考えもしませんでしたよ。

これは、元禄十七年三月、重遠が憧れの春海先生に面会したときの最初の話題であった。

三、谷重遠、東遊

谷重遠、山田野を発つ

これも江戸で吉良邸が襲撃されようというころの話。谷重遠は土佐国の大守の命令で城下に居を移され、神代巻をはじめとする講義の場を与えられた。すでに門人を多く抱えていた彼の受講者は常に六十名を越えたという。いわば〝公立学校教授〟の地位にある彼であったが、しかし、一年を経ずして人付き合いに疲れ、殿さまにお願いして郊外山田野の旧居に戻る。そして江戸の地震を知る。元禄十七年（一七〇四、甲申年）、重遠は江戸への旅を思い立つ。目的は春海先生に面会して教えをうけること。土佐国大守の許可を得て、彼は山田野を発つ。

　　二月十二日山田野を発す

一念東游二十年　　泛槎今日天を尋ねんと欲す
山妻両息幸ひに恙無く　　近く平安を報ぜん浪速の辺

出発を詠んだ詩だ（谷重遠「東遊紀行」『秦山集』四・五）。「東国を尋ねようとひたすら思って二十年。浮かぶ筏であるわたしは、今日、尊い場所に行こうとしている。家族にも問題はない。無事に浪速についたら連絡をしよう」。春海に学ぼうとして出府の許可がでなかった元禄七年から十年。闇斎のもとに出入りして二十年がたっている。

土佐の角毛谷で見送りの友人たちと分かれ陸路を讃岐に出る。丸亀から岡山に渡る経路はい

「嗚呼忠臣楠子之墓」碑（神戸・湊川神社）
亀の上に碑を建てるのは儒学風の墓碑。
背面には朱舜水による賛が彫られている。
神戸駅前に位置する湊川神社の正門右脇に廟への入り口があって、入って突き当りに墓所に隣接する形で平櫛田中作の西山公像も建っている。

西山公像

藤森神社本殿前の舎人親王神前碑。

現在の参道の鳥居は正徳５年の建立。重遠は土佐に存命中だが、訪れたときにはまだ建てられていなかった。

まの瀬戸大橋を通るルートだ。播磨路を東へ。明石では人丸塚の下で歌聖を忍び、須磨の風光を楽しむ。湊川《みなとがわ》で忠臣を称え、西宮を過ぎて大坂《おおざか》――まだ「大阪」と書く以前の時代だ――へ。この間、足を止めたところで重遠は必ず一首以上の漢詩を詠んでいる。

湊川南木《なぎ》の神の墓を拝す

皇帝祠を賜ふ南木の神　源侯墓に額す嗚《ああ》忠臣

天を捧げて日を欲す葛城の績　義を取り生を捨つ櫻井の仁

百戦枯たるを拉く岳飛が匹　一門節に死に孔明の身

堂堂たる我が国豈筆無けんや　漢誌亦知る遠人を柔らぐることを

「嗚呼忠臣楠氏之墓」碑で有名な湊川神社も、重遠が訪れたころは松と梅と五輪塔に加え、小祠とこの新しい墓碑があるだけだった。この墓碑は元禄五年に水戸の御老公が佐々宗諄を遣わして建てられたものだ。「楠公《なんこう》」すなわち後醍醐天皇のために戦い死んでいった楠正成《くすのきまさしげ》のことを称える。ここは戦死した場所なのだ。それを称える「源侯」光圀卿の思想――朝廷への忠誠――がうかがえる。

ここで少し説明を入れると、会津侯も光圀卿も闇斎も春海も重遠も朝廷を大切にするという思想をもつが、朝廷＝日本である。〈公家と武家〉とか〈京と江戸〉とかいうローカルな考え方はしていない。彼らは外国――支那・欧州――を知っている。それに対する〈わたしたちの国〉として、その本質に朝廷＝天皇を置いているのだ。アイデンティティの指標もしくは象徴としての天皇であり、それを保証するものとして『日本書紀』、とくに神代巻――神代から天皇誕生までの時間が封じ込められたもの――を位置づける。神代巻はアイデンティティを支える価値観のこめられたものとして聖典なのである。光圀卿の『大日本史』は、よって吉野朝廷を正統とし、天皇と武家との存在の根底にかかわる関係性――朝廷とそれをお守りする者という関係――に価値を見出し、「嗚呼忠臣楠子之墓」が出現するに至る。たかが石碑とはいえ、それがそこに建てられた背後には哲学がある。思想がある。重遠の感動はその上に立ちあがっている。

聖地参詣

大坂からは、淀川に沿って上り枚方《ひらかた》を経由して岩清水から伏見へ向かったらしい。今、京阪電車の走るルートである。

　　藤　森

統を明らかにして千年斗杓を指し　　王を佐けて一世夔調に入る
天我が道の将に塵触せんとするを憂へて　　篤く哲人を産んで聖朝を培ふ

これは京阪電車、墨染《すみぞめ》駅下車徒歩五分の舎人親王を祀るという藤森《ふじのもり》神社での詠。

小《を》坏《つぼ》手《た》抉《くじり》　藤森《ふじのもり》の祭　水木本源《ほんげん》我人を教ふ
底事《そこつこと》ぞ吾が　儕《ともがら》　根の国を恋ふて　朶頤粉若として斯の神に負《そむ》く

という詠もある。

「舎人親王」を春海や重遠はイヘヒト親王と訓む。訓み方の意味するところは措くとして、『日本書紀』を奏上したと『続日本紀』がつたえる人物だ。『日本書紀』の価値付けは右の通りで、それゆえ舎人親王の業績は称えられ、現在は「学問の祖神」と書かれた石碑まで登場している。舎人親王の神格化はとくに闇斎門下に顕著である。

藤森神社の御祭神は素盞嗚尊《すさのをのみこと》、別　雷　命《わけいかづちのみこと》、日本武尊《やまとたけるのみこと》、応神天皇、仁徳天皇、神功皇后、武内宿祢を中座とし、東座に舎人親王、天武天皇、西座に早良《さはら》親王、伊予親王、井上内親王を祀っている。本殿東脇には、神功皇后の旗塚があって、神功皇后が海外遠征から凱旋のおり、ここに武具を納め旗を立てたと伝えている。平安遷都以前から祀られていた古社である。

西座の祭神については、春海が、次のように伝えている（甲乙録四－134）。

藤森の相殿早良親王、桓武天皇天応元年、太子と為《な》る。延暦四年、故有りて淡路に流す。途中食を絶ちて薨ず。後に崇道天皇と諡《おくりな》す。天応年中、流聞す異賊来ると。乃ち早良親王を以て将軍とし、五月五日出軍。今、端午の旌旗刀剣は、之を以て縁とす。藤森祭競馬有り。又棒を以て鬼首を貫く、此を異賊の首とす。皆早良親王の故事とす。藤森を崇敬することと深し。故に相殿とすと云ふ。

そのような場所に舎人親王が祀られたのは、永享十年（一四三六）後花園天皇の勅によるのだと神社では伝える。それ以前は、舎人親王は「藤尾《ふじのお》」と呼ばれる場所に祭られていた。ここには墓があったと伝えられていたのである。

舎人親王藤尾の墓、頃年秦《はた》左兵衛（＝大山為起）同士と力を戮《あは》せ小社を上に建つ。今を以て之を考へれば、甚だ謂はれ無し。

『甲乙録』にある春海の証言だ（一―55）。さらには、

藤尾小社を建つ。恐らくは神慮に称《かな》はざらん。淡路の廃帝舎人に贈るに天皇を以てす。亦神慮に称はざらん。遂に帝位を去る。誠に畏るべし。

ともいっている（二―35）。淡路廃帝とは現在「淳仁天皇」の諡で知られる天皇――この諡を奉ったのも光圀卿の『大日本史』である――のことである。

秦左兵衛こと大山為起《ためおき》は、後に伊予三嶋神社の神主となって移ってゆくが、本来は「秦」氏とあるように、稲荷社（伏見大社）の社家である。そして藤尾というのは現在の伏見大社のある場所のことだ。永享十年に山上の稲荷の社を麓《ふもと》の藤尾におろし、藤尾の舎人親王を藤森に

移して相殿としたのだそうだ。

重遠の詩、二首目の初句。「小杯《おつぼ》手《て》抉《くじり》」とあるのについては、春海先生に解説してもらおう。

舎人親王製する所の小杯手杯、質素倹約、誠に神聖の遺なり。然るに延喜格式之《これ》に従ふことを知らず、華靡の式を用ふ。王道衰へる所以なり。是れ有職家の傳来なり。

「小杯」というのは掌サイズの土器《かわらけ》のことである。なお右の「甲乙録」（六-77）本文には「重遠謂く、華靡先づ祭るは用明天皇に起る。瓊矛拾遺に見えたり」という重遠の註が付いている。また『瓊矛拾遺』には小杯について図解もされている。春海の安家神道では重要な要素《アイテム》なのだろう。

藤森にやってきた安家神道の継承者、谷重遠の笈の中には春海先生の神道の著作『瓊矛拾遺』の写本がある。書を通じて教わったあれこれの実地踏査の旅。感慨も新たに藤森神社の朱の鳥居をくぐったことだろう。春海先生の言葉をもう一つ（「甲乙録」六-80）。

藤森の鳥居。十年前尚黒木皮有るを用ふ。頃ごろ聞く、氏人建立し白木朱に塗ると。嗟《ああ》悲《かなし》ひかな。

富士山を遥する

さて、重遠はそのまま近江から鈴鹿に抜けて亀山、四日市を通り——新名神高速道路のコースだ——熱田神宮を拝し東海道を下りつづける。彼がまだ噴煙をあげていた富士山を初めて見たのは、佐夜の中山であった。

　佐夜の中山に登りて始めて富士山を得。喜び知るべしぞ。

佐夜の中山妙詠の蹤　　命なる哉吾も亦吟笻を卓つ

平生の旅瑣醒めて夢の如し　　驚き見る雲間の富士の峯

ここからは詠に富士山がしばしば登場するようになる。例えば藤枝では、

客路迢迢日居久し　　藤枝春深うして青衫を湿す

嘗て聞く義教風雅に託して　　富士吟望して鬼巌に登ることを

と詠む。薩埵峠では、

田児の入海袖師の浦　　薩埵山頭望みて未だ休まず

更に富峯千載の雪を点じて　　超然たり日本六十洲

と詠む。富士山と題されたのは次の詠。

富山己を忝うして群峯服す　　何者か乾坤匹儔を得ん

大地俯して臨む塵一点　　高天仰ぎて見る雪千秋

八州の督府青麓に聯なり　　万国の貢船白頭を望む

面面看来れば苦竄無し　　誰か匠石を傭て瓊球を削る

小田原城

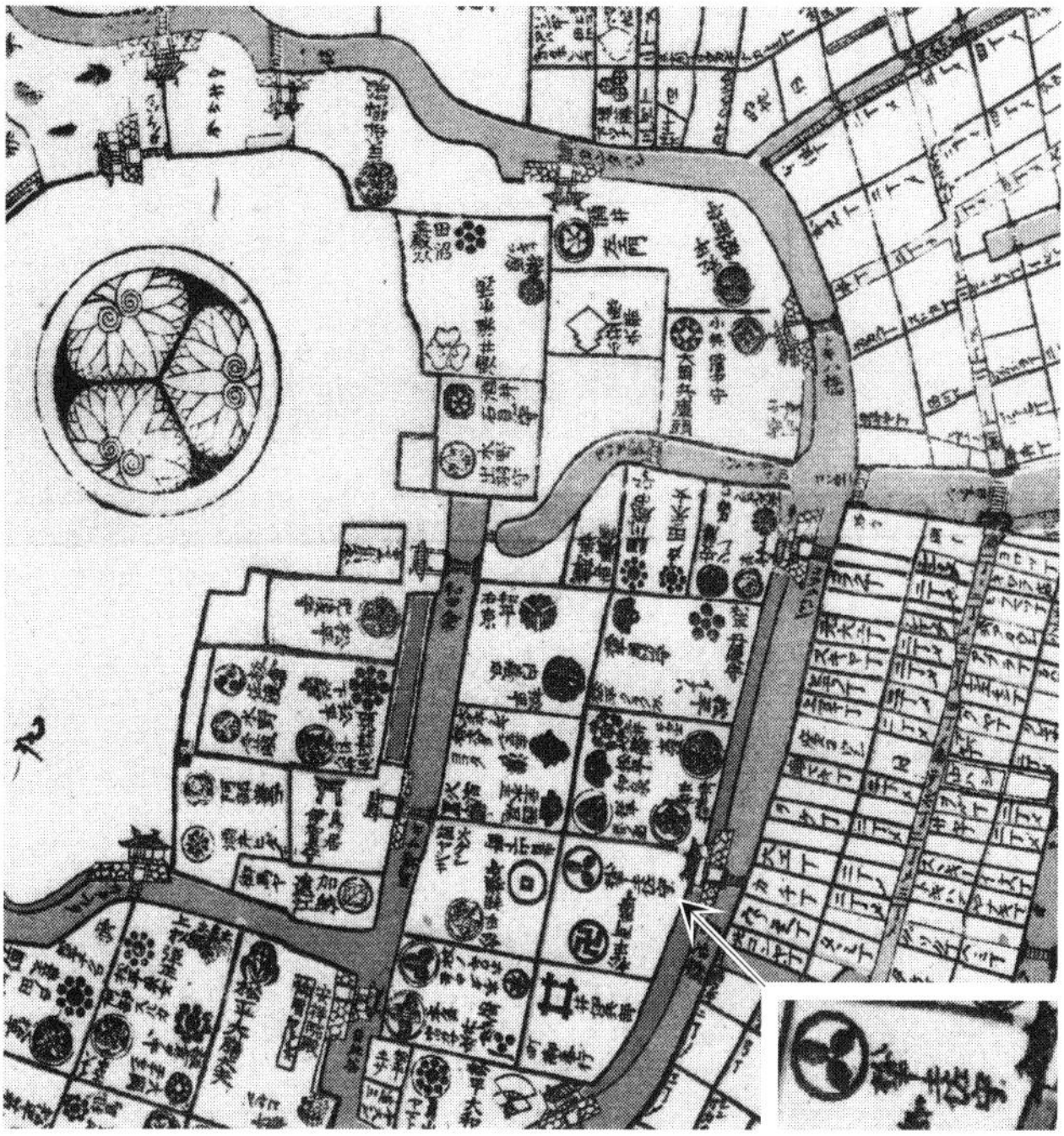

明和時代の江戸大手門付近（現在の丸の内周辺）

土佐山内家の江戸屋敷（上屋敷）は鍛治橋内、現在東京国際フォーラムが建っている付近にあった。上の地図だと、「松平土佐守」とある一帯（枠内）となる（山内家の家紋である丸三葉柏紋がついている）。山内家は、慶長15年に二代忠義公が松平姓を下賜され、以来当主と次期当主は公式には「松平」を名乗った。

上屋敷は国主と江戸在勤の家士が居住した。郷士以下は現在の新富町にあった中屋敷を使用したというが、その地を拝領したのは文政年間まで下る（この図でもその付近に丸三葉柏紋は見当たらない）。重遠の家は郷士身分とはいえ、山内家お抱えの儒者として上屋敷の長屋に宿泊したのではなかろうか。

平成二十五年（二〇一三）に世界文化遺産に登録された富士山だが、その文化遺産の中心が富士講――富士山を信仰して生活の律として日々をすごす人々――である。江戸時代初期に長谷川角行によって開かれた富士山を崇敬する団体活動で、現在なお各地で活動中だが、その中興の祖というべき食行身禄（寛文十一年1671〜享保十八年1733）が生きていた時代がちょうど春海たちの時代と重なっている。ただ、重遠が富士山を望んだころは、まだ「身禄」と名乗る前の伊藤伊兵衛が行者の月行のもとで修行している時期だ。さすがに重遠との接点はなさそうだ。

いよいよ箱根を越え、震災後半年の小田原に着いて、彼は次のように詠んだ。

聞説《きく》ならく旧冬大地を翻すことを　就ち中に極めて酷し小田原
悲しむべし城郭蕩然として尽ることを　尚喜《よろこぶ》州侯卓爾として存することを
露命偶懸けて日月を憑み　流言動ずれば起きて乾坤を恐る
只今民業漸く帰る処　柱は立つ下津磐石の根

戸塚でも震災後の町を詠んでいる。

死傷地震を経て　江水余腥を帯ぶ
今夜十塚《とつか》に宿して　殷勤に零丁を慰す

川崎、品川を過ぎ、学徒重遠、いよいよ三月七日、江戸の土佐太守の江戸屋敷に入る。

四、新蘆面命

春海先生にお目にかかる

澁川春海が本所から駿河台に居を移したのは震災のあった元禄十六年、春海六十六歳の時である。重遠は江戸に着いた翌日、元禄十七年三月八日にさっそく珍しい色紙——土佐の産物に紙がある——などの手土産を持って駿河台を訪問した。

三月七日、江戸に着く。八日、駿河台へ参る。助左衛門殿御父子へ御目に掛かり、年来の御礼ども申し上げ候。

その時の記録『新蘆面命』の冒頭である。「一念東游二十年」、二十年かけて浮かぶ筏が天に達した瞬間だ。

助左衛門殿御年六十有余。やせたるご老人。なるほど質朴なる様体、文字一つご存じ無之《なき》人のように相見候《あひみえさうらう》。

十年近く教えを受けてきた人との初対面。文字を通してのみ人柄に接してきた先生の印象を重遠はこう書き留めた。『天文密柱』『神代初問』『古事問批』などに残された春海の文面は、その学識の広さ深さが知られるだけでなく、しばしば同門の研究者への辛めの評も見え、謹厳実直な人柄がしのべる。それなのに、「文字一つご存じなき人のように相見え候」と重遠は、その田舎親仁《いなかおやじ》風の風体《ふうてい》に驚きを隠さない。

あの人が助左衛門殿にて、年来大切なる事ども被仰聞候哉《おほせられさうらうや》と驚《おどろく》ばかりに候《さうらう》。

このときの感慨を重遠は「澁川先生に謁す」と題して詩に残した。

天を談じて深く入る石甘が室　暦を革めて斉しく呼ぶ郭許が名
梅路降監す皇帝の詔　蘆亭密迩す将軍の営
神眉寿を垂る富山の雪　人徳風に服す武野の城
感激す二十歳前の夢　短詩写し難し旧来の情

対して春海先生のご子息澁川圖書頭《ずしょのかみ》については「きれい成《なる》わかき御人」としている。「かざりなく生まれてのままの御人なり」だったそうだ。ちなみに、春海は元禄八年に重遠に『貞享暦』を送っていて、その本も山内家宝物資料館に伝わっているが、「元禄八己亥年澁川圖書書之於新蘆亭」とある。この横に「春海継嗣歳十三」と注記されているのは春海が書き入れたか、圖書少年が書いたものかは判断つかないが、いずれにせよ、春海の指示で書かれたものだろう。十三歳、満でいえば十歳程度の息子が記したとわざわざ明記させるところに、照れと自慢が見え隠れしている。以来、重遠と圖書くんとは仲が良かったらしく、文通のあとが今に遺る書簡からうかがえる。ここで同席しているのもそういう交流の背景があったからだ。

重遠が春海の屋敷——「新蘆亭」というらしい。山内文庫本『貞享暦』には「新蘆亭」と彫られた長円の朱印が押されている——で対面した澁川圖書はすでに二十を越えた成人となっていた。

春海先生とお話する

さて、吸い物などがでて、くつろぐ師弟。最初の話題はすでに紹介した地震の話題だ。原文には、次の様に記してある。

去《さる》冬以来の地震の事物語に及び、被仰候《おほせられさうらう》は、金星房心《ばうしん》を守り、又はなれ、又房心を犯《をかし》候《さうらう》により、いかさまおもき御愼み可有之候《あるべくさうらう》と存じ候。火星の事は守にても犯にても無之《なく》、只だ過候《すぎさうらう(ば)》はかりに候間、さして替る事は有之《ある》まじき物に候へ共《ども》、近年火星の房心を過ぎ候に、火災等多く候へば、是又不穏事と申上候。然共《されども》火災等の敬《つつし》みとばかりに被存《ぞんぜられ》、如此大地震可有候《あるべくさうらう》とは曾て不得考候《かんがへざれさうらう》と被仰《おほせられ》候事。

こうして初対面した師弟は、四月三日に重遠が江戸を離れるまで、春海の都合の許す限り、時を一緒にしている。そこで交わされた話を記録して『新蘆面命《しんろめんめい》』と題して二冊に記せる重遠の筆力はすごい。後に彼はこの記録をもとに、さらに手紙での往来を整理し、「甲乙録」と題する漢文の著作をまとめてさえいる。これらによりわたしたちは澁川春海の学問を知ることができる。うけとめて伝えることもできるのだ。

面命、話題は多方面に渡る。

○唐人の事。書にあらはし申候《まうしさうらう》は、中《なか》〱承《うけたまはる》ごと無《なき》二間然《かんぜん》一様也《さまなり》。其《その》実事を具《つぶさ》に承候《さうら》へは（ば）、中〱不合の事多し。先《まづ》舜水事《のこと》、よき事より申候へば、大明《たいみん》再造の為《ため》に、はる《ばる》〲風波を凌被参《しのぎまゐらる》。こと更《さら》大明皇帝の勅書をも被帯《たいせられ》候よし、中〱手柄なる事。其上、博學多才、何事に付ても不案内成《なる》事なし。耕作迄に功者の由、可驚《おどろくべき》人才也《なり》。然《しかる》に水戸様より被申《まうされ》候、衣服金銀等被下《くだされ》候と、其まゝトン〱と藏へ入《いれ》、一生開く事なし。さて銭一文にても出しつかはれ候事、かたくしわき事如《ごとし》二鉄石《てっせきの》一。居間のお（を）しこみに薪を入置《いれをき》、毎朝何本と数へ家來にわたし被申《まうされ》候。采薪の憂と孟子に有之《これあり》候が、大名の身の上にても直に薪を被取《とられ》候。不断《たえず》内のものがぬすみする〱とは存《ぞんじ》候ていなり。中〱一銭もわたし置《おく》などゝ《と》云う事無之、如此《かくのごとき》行跡也。名にしお（を）はぬ事にあらずや、此類唐人に多き事也。

地震の話題の次にあるのは明国人、朱舜水についての話題だ。支那の人が書いたものを読むと隙がないように見えるが、実際はそうでもない。朱舜水の、良い点を言えば、大明国再建のために皇帝の勅書を携えて風波を越えてやってきたのはすばらしい。その上、万事に達しており、驚くべき才能の持ち主である、と春海は褒める。しかし、水戸の光圀卿がくださった衣服や金銀は、そのまま蔵に入れ納め、二度と開けることはない。ビタ一文ほど出すこと無く、その吝《しわ》いこと鉄壁である。居間の押入に薪を入れて毎朝在庫の点検をして家来に渡しているほどだ、とそのケチぶりを示すので、思わず笑ってしまう。春海先生、なかなかの話術者である。

朱舜水は「水戸様」（西山公水戸光圀）に仕えた渡来人学者としてよく知られている。「甲乙録」では次のように紹介されている（一―14）。

舜水は明人《みん》なり。来朝し援兵を請ふ。志《こころざし》明室を再興せんと欲す。朝廷聴《ゆる》さず。謂はく、明帝来り投ぜば、義当《まさ》に之を救ふべし。兵を外国に遣すは、策にあらずと。水戸中納言舜水を招き、江戸の別邸に館す。予嘗《かつ》て面謁して数事を問ふ。舜水水戸の家士一僕を令する者も亦君臣の礼厳正なるを視て、喟然として嘆じて曰く、明朝をして風俗此の如くならしむれば、則何ぞ滅亡に至らむや。日本の盛んなること宜《むべ》なりと。蓋《けだ》し明朝上下間《あひだ》無く、相慢て恭ならず嘗て廉無きの甚しきを謂ふ。舜水七十余歳、水戸に卒す。

文中「予」とあるのは春海自身のことで、春海は舜水と会っていくつか質問をしたことがあったらしい。そのときに、舜水は水戸公の家臣たちが、末端に至るまで礼節をわきまえていることに驚き、自国（明）がもしこうであったなら、滅びなどしなかったのにと歎いたのだそうだ。こういう語り方に春海の支那に対する距離感――けして近いものではない――がうかがえるものの、一方で評価すべきところは評価する、是々非々の態度も見えている。

朱舜水に続いて、日本の儒者について述べるのは、

○後藤松軒事。高才学にくはしき事無比類《ひるいなし》。たゞ《だ》人と不通《つうぜず》仕《つかまつり》候事無《なく》二数限《かずかぎり》一、肥後守様

もこゝをきのどくに被仰《おほせられ》候。是《これ》学者の病也。

というものだ。後藤松軒は『先哲叢談（巻三）』（原念斎。文化十三年1816刊）には、

松軒初年客を以て、肥後侯に依る。寛永中耶蘇の賊起る。侯命を奉じて兵を率ゐて之を伐つ。松軒之に従ひ、陣に当《あた》り場に臨み、奮戦功あり。銃丸に中《あた》り、両明を喪《うしな》ふ。松軒素《も》と学を嗜む、是より後愈専ら志を鋭くし、日々人をして経を読ましめて之を聴く、遂に自得する所あり、一時真儒を以て振ふ、

と紹介されている。どうやら武家の出で、島原の役で失明し、独学で学者となったらしい。さらに山﨑闇齋と関わる逸話に続く。

一日闇齋に詣《いた》り、其講を聴く。闇齋は松軒を視ること甚だ卑《ひく》し、講畢《をは》りて呼んで曰く、坊主会する所ありや否やと。蓋し松軒時儒に倣《なら》ひて薙髪〔剃髪〕せしを以てなり。松軒其倨傲を悪《にく》み、再び闇齋を見ず、終身手に闇齋の著書を取らずと云ふ。

闇齋の傲慢さに腹が立って、以後、一切闇齋の著書を手にしなかったらしい。春海は、「高才学にくわしき事比類無」しと評価した上で、コミュニケーション力の低さを指摘している。面白いのは最後の一言。「これは学者の病である」。

重遠が駿河台に出向いたのは、

十日夜、十一日、十二日、十三日、十四日、十六日、十七日、十九日、二十日、二十一日、二十二日、二十三日、二十五日、二十六日、二十八日、二十九日、四月二日。

の十七日間である。このうち、十一日から十九日までの間に六回かけて『貞享暦』を読み、二十日から二十九日にかけての八日間は『瓊矛拾遺』を読んでいる。ともに澁川春海の著作で、前者は天文暦策についての、後者は神道についての作である。

西三條殿について語ること

十日の夜、夕飯後駿河台に出かけるとやがて松平右京大夫からお呼びがかかり、雑談に及んだらしい。松平右京大夫輝貞はこの時期綱吉将軍の側用人を勤めていた人物である。

このときの話題も人物評で、取り上げられているのは「西三條殿」である。「三條殿」とも呼ばれているが、元禄十四年に八十三歳で薨去した三条西実教《さねのり》のことだろう。三條西家は二條家歌学を伝える家で、実教は細川幽斎から古今伝授の返し伝授をうけた実條《さねえだ》の孫にあたる。

○三條殿御事。高才博学行儀つよき事、道中にても又御ぬしの後苑にても、遂に烏帽子狩衣とり給ふ事無之《なく》、有職《ゆうそく》故実限《かぎり》も無之《なき》学問也。依之《これにより》時に逢ひ給ひ候へ共《ども》、御公家方皆々慕被申《したひまうされ》候。

例によってまずは褒める。有職故実は限りなく学識がある、と。公家衆からも慕われていると。しかし、右に続けて「和なく人とあいさつ不快事のみにては、未だ如何」と、コミュニケーション不全を指摘している。

が、

○中院殿、初は三條殿と中あしく、三條事色々物しりだては申候へども、よき哥一首も読《よみ》不申《まうさず》。有職だて申候へども、ひたと問《とひ》候へば、つまり候てウソを申候などゝ《と》悪口被成《なされ》候

と中院通茂による批判もあったらしい。「物知りを吹聴してるけどぉ、よい歌だって読まないし、有職を語ったって質問すればウソいうしぃ」というところか。ただし、このあと、

三條殿死前に何やかや伝授を被請《こはれ》申、中院殿もことの外感入《かんじいり》、さて〳〵ケ様《かやう》之事存して被居《をられ》候《さうらう》哉《や》と御驚き被成《なされ》候。

と、薨去直前にいろいろ伝授されるや評価が一変する。つまり、「和なく人とあいさつ不快」とは、悪い意味で実直な性格だったということのようだ。

中院殿は「よき歌一首も詠まざりし」と批判するが、二十年ほど前、後水尾院から後西院へ伝授があったときの後西院御製、

守ります　かひこそわたの　そこづゝ《つ》男　海よりふかき　道つたへけれ

について、西三條殿は思う所があったらしい。「御哥においては、さて〳〵間然可申《まうすべき》所なし。

よく被遊《あそばされ》候。然共《しかれども》、今少《すこし》わけ如何《いかん》と存する所有之《あり》」とコメントした。これをうけとめて後西院はあれこれ考えてみたがわからない。後に正親町公通《おおぎまちきんみち》――垂加神道の後継者筆頭、春海の兄弟子で、京では三条西家の隣に土地があった――が江戸へ下るおりに、挨拶に立ち寄って、ついでにこの話となり、西三條殿は前の扇に指を指して、

これ見よ。うへにてもあがらず、そこにてもあがらず、只まん中なれば両方共上り候。去《さる》によって物中《なか》にあらざれば成就せず。此御製至極よく被遊《あそばされ》候へ共、難は中筒を御よみ不被成《なされず》候。中つゝ《筒》にあらざれば成就にあらず、逍遙院殿哥に何々として中つゝ男へだてぬなかに波風もなしと有之候。此哥成《なる》ほどよく候由御伝被遊《あそばされ》候。後西院様御製は逍遙院殿よりは秀逸はとかく不被申《まうされず》候へ共《ども》、そこ《底》つゝ《筒》御よみ被遊《あそばされ》候事、難也。

と言ったそうだ（逍遥院とは実教の先祖、三條西実隆のことだ）。要するに「底筒男」を詠んだのが王者の詠としてふさわしくない、ということらしい。扇は真ん中を持ってバランスをとれば一本の指でも持ち上がる。そのようにこの歌も中筒男で詠う方がよろしいということだ。

熊沢蕃山について語ること

西三條殿を批判していた中院通茂は儒者熊沢蕃山《くまざわばんざん》の弟子としても知られる。この熊沢蕃山の学問に深く傾倒したのが京都所司代《しょしだい》を勤めていた板倉内膳正《ないぜんのかみ》であった。当時熊沢蕃山は京の上御霊《かみのごりょう》付近に住み、公家衆と音楽などたしなんで過

ごしていた。西三條殿はそれを快く思わず「熊沢はよくわからない学術を申し立て、公家衆の風俗を乱すので追放するがよい」と時の所司代牧野佐渡守に訴えた。それで蕃山は吉野へ移り、後に大阪に引っ越すことになった。これを内膳はうらみ、西三條殿を悪く言いふらし、蟄居《ちっきょ》においこんだのだと、春海は語っている。そんなことをするから御身にむくいがくるのだ、と。

そして、

熊沢もとかく心不宜《よからず》候哉。方々へめぐり後は古我へ下り松平日向守殿下に居被申候が、公儀より被仰付候哉、居所に番人被付《つけられ》ケ、配所のごとくにて死去致候。此人文盲にて文才はなく候へ共、俗人をよく感《かん》じさせたる人物也。

と、辛口の評価を下している。

ただ、この話、ややきな臭い。熊沢蕃山は中江藤樹門下で陽明学を学び、保科侯や林大学頭（羅山）ら朱子学者と意見が対立した学者だ。当然、闇斎の弟子である春海は保科侯に与《くみ》する位置にある。春海は西三條殿と仲がよかったようだが、西三條殿に批判的だったのが蕃山の弟子中院通茂であった。そういう関係にある中でこのような話題が将軍側用人のところで出ているのである。記録できないような話題もあったかもしれない。

貞享暦講義

さて、次の日から、『貞享暦』の授業が始まる。

○十一日駿臺へ参。

寄神祝　　政爲（下冷泉正二権大納言。法名暁覚。大永三薨）

守るには神と君との中づゝ男へだてぬ道にたつ波もなし

同　　逍遙院

跡たれしちかひの海のそこづゝ男世を守る道にあさからぬもや。

今日、貞享暦序より読む。

『新蘆面命』の記述は前夜の話題を引きずっている。重遠くん、春海先生に前夜の歌について確認の質問をしたのだろうか、それとも授業の始まりに古歌をたてたのだろうか。

『貞享暦』の授業内容は、素人にはなかなかついてゆけない。

○再爲二其周歳之消長一ヲこれ妙術也。先年中村的齋を訪ふ。的齋授時《じゅじ》の私考を出し我に授て曰、我授時に志あること久し。然どもとくと成就せず君宜しく成就し玉ふべし。さて授時もとくと不合《あはず》消長一分とあるも二分にてよしといへり。我其時何とて二分と云ことをしらず。其後会津中將殿とかく宣明《せんみょう》にてはなし、授時可然《しかるべし》と被仰《おほせられ》、御家来安藤市兵衛・嶋田覚左衛門と申両数者に命じ、数年授時工夫いたし候へ、と被仰。年をへて其功成、さて改暦に御志有て両人に算させ、拙者・山﨑翁両人承《うけたまはり》候様にと有て、毎日立合見申候。尤《もっとも》授時の通《とほり》無別儀《べつぎなく》候。然共《しかれども》至元十八年を本《もと》に立《たて》候事、元《げん》は日本を侵し候。敵国に候に如何《いかに》と申事有之。さらば当年を元にして作り直し可然《しかすべし》と被仰《おほせられ》、それになり候。そこで至元十八年の歳実を置、四分消して歳実といたし誠に難なく見へ候。此消し申候歳実にて立かへり、至元十八の冬至を求《もとめ》候に不合。いろ〳〵といたし見申し候へ共不合。そこにて我等、ふと合点いたし、四百年以後を立元にいたし申候。時は四分消するはあたり前也。又四分消し合して八分消して、これを立元の歳実と定め置。さて立かへりて至元十八の冬至を求《もと(め)》べければ、四分長して求れば、授時の冬至と合、上下斉々妙不可言《めうといふべからざる》こと也。如此発明す。先生及安藤氏皆心服し、中將殿へ申上候。中將殿御死期一両日前、交食有て宣《せん》明《みょう》不合、授時合候により忝《かたじけなく》も中將殿稲葉美濃守殿へ御遺言被成《なされ》、改暦の事、算哲に被仰付《おほせつけられ》候様にと有之候。依之《これによりて》雅樂頭《うたのかみ》殿へ被仰合《おほせあはせられ》候所、又其比《そのころ》五月の食授時には食なしと申上候所、三分ばかり有て宣明合申《あひもうし》候により雅樂頭殿何とも算哲申分合とも不存《ぞんぜず》と被仰《おほせられ》、改暦のさた《沙汰》、止《や》み申候。これより累年優劣考申《かんがへもうし》候所、授時にても十分不合《あはず》、そろ〳〵と只今の法になり候。誠に雅樂頭殿御いそぎ不被成候《なされさうらはぬ》故、如此《かくのごとき》事になり申し候。

事の顛末は見当がつく。映画《『天地明察』》でもとりあげられていたエピソードだ。つまり、授時暦《じゅじれき》と宣《せん》明暦《みょうれき》、貞享暦のズレによる、食の計算の当たり外れの話だ。授時暦の研究を春海は中村的斎から委ねられた。会津中将保科侯は宣明暦は不可とし、授時暦導入を家来の安藤市兵衛・島田覚左衛門に検討させた。そして春海と闇齋に確認をさせたのだという。ところが計算が合わなかったらしい。そのあたりの記述は難解だ。そもそも「一分」とか「二分」「四分」「消長」という専門用語がわからない。「至元十八年」が元の世祖フビライ干の時代の元号で一二八一辛巳年であることはわかる。授時暦――この暦法の開発者の中心人物として郭守敬（一二三一～一三一六）がいる――が実施された年だ。その太陽年の変化にともなって「一分」「二分」という語があるらしく、その差を用いた計算法によって冬至などの日を算出した試行錯誤についての話のようだ。

翌日十二日の話題も、

〇十二日曇、駿河臺へ参《まゐる》。授時日行盈縮極差二度四十分。我等は二度六分とす。時憲暦春秋分を見るにいかさま二度ばかりと見へたり。郭守敬《かくしゅけい》二度四十分とせられたるは合朔の時、盈縮遅疾の差を合せ月の行度を以てわりて加減す。然るに月のその処へをいつく間に、はや日はさきへ行のびるもの也。此所、郭氏を不立、術只差を多くしてをいて、その再、追つくぶんも差に持する様にとめされたる。是、疎きこと也。去《さる》によて我法は日の行く分を月の行度の内にて引てとり、行差として加減する也。依之《これによりて》盈縮差二度余とありなりにする也。

と、さらに難解な一文が見える。ここでも「分」がみえるが、おそらくは、日行・月行の諸現象上の観測時における仰角や移動の角度のことなのだろうという見当はつくものの、それが授時暦、時憲暦の計算などを比較し検討しているのだろうという想像をするのが精一杯だ。

前の十一日の話も、そういう星の移動角度等の僅かな差による計算上と実際とのズレを解消する計算方法を算出したという話なのであろう。その結果、満足ゆく答えがでて保科侯へ報告する。それが保科侯の薨去二日前。満足した保科侯は改暦のことは算哲（春海）に一任という遺言を稲葉美濃守に託した。しかし計算と異なり食が出て酒井雅楽頭《うたのかみ》は算哲を疑い、改暦が遅れた、というものだ。この話は十三日にも繰り返されている。

右か、左か

十三日、『貞享暦』読み合わせの際には、木下平之丞（木下順庵の長子であろう）も同席していて春海が「日月五星」が「左行」といい平之丞が「右行」と主張し論争になったらしい。それをそばにいた林大学頭（おそらく林鵞峰）が聞いて「是は双方取違申され候哉。助左は右行と申され候を、平之丞は左行と申せらるべく物を」と言って大笑いになったという話が記録されている。どうやら言い争っているうちに主張が逆になったらしい。林大学頭が熱くなった二人をいさめ鎮めている様子など、その場の雰囲気がわかる記述である。

この「左行」「右行」というのは「左旋」「右旋」ともいう、先に紹介した西川正休「大略天学名目鈔」には左記のように説明されている。

天体と衆星と、常に東より西に行きて、一昼夜に一周す。是を左旋と云ふ。是れ即ち天の運回にして、二十八宿と衆星とは、常に天に随ひて左旋して、自行の右旋なし。日月五星の七曜も天旋の左回に従ひて、一昼夜に周天すること同じといえども、その左回するの中ちに、又自行の右旋ありて、西より東に向って回転す。是を右旋と云ふ。

星座の星々は地球の自転に即して天をめぐるように見える。それが左旋。しかし惑星は太陽を中心として公転しているので、地上から見ると星座とともに天をめぐりつつ、日によって位置を移動する。その軌跡が右旋だ。「名目鈔」は、先で面白いことを言っている。

暦家の説は、黄帝岐伯の説なるに、宋朝に至って儒士の弁に天も七曜も、共に左旋のみ有りて、右旋なしと云ふ説始まりて以来、儒学の徒、先儒の説に倣って右旋なしと云ふの説止むことなし。甚だ天地の正実を誤ること、最も嘆ずべし。

木下平之丞と春海との争論にはこのような「儒学の徒」の包える問題があったようだ。だから林大学頭も関係してくるのだろう。

貞享暦について語ること

『貞享暦』は、それこそ映画で有名になった春海算出の、わたしたちの国土に適応した大和暦である。

○貞享暦と申名は、一條關白殿御物数寄被成。　勅許也。　（十一日条）

○貞享二年乙の丑、五月甲戌の望、丑の初刻。虧初、これ改暦初ての食也。此時、水戸殿天文者川勝六右衞門、難じて曰、此食、授時暦初虧、子の四刻也。然に新暦丑の一刻初虧と付たり。扨々《さてさて》おかしき事哉《かな》。我等算哲に問候へば、里差を加《くはふ》と申候。里差を加申て此後十一月十五日の食授時と刻限合候は如何〔十一月望食授時の刻と貞享と同《おなじ》故《ゆゑ》云然《しかいふ》〕。其実は算哲、授時からがとくとゆかぬと見え候などと、甚悪口《あくかう》申候。其夜、中山大納言篤親卿の所にて祈禱有て、出雲路玄仙かの川勝其外大勢参候。川勝衆中において、今夜の食、暦合て、御覧候へ。食は子の刻也と申候。さて九つのかね打申候。何も庭上へ御出被成候《なされさうら》へと申出て窺《うかがひ》申候へ共《ども》、不食。九つ半迄は子の刻也。御覧候へと申候へ共、中々不食、餘《あまりに》笑止に存《ぞんじ》、一人はづし二人はづしにげ申候。漸八つ打申候時、初虧申候。是を無念に存、六郎右衞門其後は老病と號し暦算を止申候き。〔去年水戸殿より被付候三人も前は六郎右衞門弟子也〕　　（十三日条）

「一條関白殿」とは保科侯が「横柄なるもの」と評したあの一條冬経公である。『貞享暦』という名はこの人が付けたのだという。その改暦後初の食の日が貞享二年五月であった、このときに光圀卿のところの天文学者、川勝六郎右衛門が、授時暦と貞享暦とで食の開始時間が違うのはおかしいと算哲に聞けば、里差を加えたという。しかし里差を加えても十一月十五日の食の開始時間は両暦同じ時刻となる。納得がゆかない、とさんざん悪口を言った。その夜、中山篤親卿――正親町公通の弟で中山家（羽林の家柄）を継いでいた――の屋敷でご祈禱があり、出雲路玄仙――出雲路信直（正親町公通、澁川春海らと同じ垂加門弟）の父――や川勝六右衛門ら大勢が集まった。すると子の刻になるや川勝が一同を庭に連れ出し、食の時刻であるぞ、ごらんそうらえというが、食はおきない。九つ半までは子の刻ですぞ、ごらんそうらえというが、食はおきない。あまりにしらけてひとり欠けふたり欠け、去ってゆく。ようやく八つ時になって食が始まった。こんなことで無念に思った六郎右衛門は老病と称して暦算の道を絶った、などというエピソードもあったのだと春海は語る。

音楽について語ること　こういうことを春海はいろいろ語り、重遠もしっかり書き留めている。ほかに計算法の話などもあるのだが、一連の流れの中で音楽の話題になっているのが興味深い（十二日条）。やや長くなるが口語訳して全文を紹介しよう。

今日は十二律について考えましょう。いまの楽人の調える律がそうあるべきなのです。東寺に古くから伝わっている（西土よりやってきたものです）十二律と、平調の板というものがあります。先年、浅利検校が上京したときに、右の東寺の十二律を聞かせましたら、「三分高い」と申されました。これもまた、平調の板を叩いて、「この音はいかが」と申しますと、「平調ですね。これもまた、こんなでも本のままではありません」とも申され、昔は平調であったでしょうけれども、板が古くなって、少々欠けたところなどもでてきて合わなくなったにちがいありません。この十二律は後で聞いたところでは、本来のものは加賀殿がお取りなされ、残りましたのはレプリカであるとのことでした。総じて近年見渡して浅利ほど調子をよく知っておりますものはいませんよ。

さて、調子と申しますものは、唐のが良うございますとかも仰っしゃいます。加藤内蔵助殿はとりわけ唐贔屓で、日本の調子はひょんな事であると仰っしゃっておられたのですが、あるとき、楽人のなんとかという者と内蔵助殿がお茶屋に参られたときに、牀机にありました琴をチューニングせよとの仰せでしたので、しばらく音を合わせて牀机に置いておきましたら、そのとき八月だったのですね、時の調子に合わせておきましたら、その夜、人もいないのにその琴が絶えず鳴ったのですよ。そこで内蔵助殿は不思議に思われて何事か見てみよとの仰せ。すると平調の糸一筋が風に吹かれて鳴っていたのです。八月の調子でございましたので、天気に通じて歌ったのでしょう。これによって加藤さんは殊の外敬服されましたね。

またあるとき、人と寄り合い笙を吹いておりましたら、傍らにありました湯沸かしが鳴りましたので、どの管に通じて鳴ったのやらと一本ずつ吹きましたが、どの管でも通じません。ただ一本だけ通じたのがありましたので、薬罐に音程を合わせたとのことです。

また、井上河内守殿が仰っしゃいますには、近ごろ宗薫ほどの尺八の上手、音感に達したものはいない、茶碗を見て指で鳴らし、これはどの音程でしょう、お考えくださいと申してその音程を吹きますと、ございますお茶碗が途絶えることなく鳴ります。この茶碗を割ってみせましょうと申して、その敵の調子を吹きますとたちまち割れました。このようなことがしばしばあったそうです。これは調子の威力です。

太閤さまの時代に、森本検校と申す者がおりました。伏見の大地震の前に、調子に天下が滅ぶべき音があると驚いて、京に逃げました。それでもまだ調子が直らないので愛宕まで逃げました。愛宕にてまた調べましたときに自分の調音も違ったかと歎いたのですが、その夜に大地震。谷が崩れて森本は死にました。その森本が切りました十二律がわたしたち兄弟（注、井上河内守兄弟だと思われる）のもとにあります。今にまで「減《め》り・上《か》り」はありません。不思議なことです。

また、奈良の元興寺の鐘は平調（黄鐘）であると申し伝えます。大勢元興寺に参りましてあまりに鐘を撞くものですから撞木を寺僧が片付けてしまいました。しばらくして阿部飛騨守が参られまして杖であちらこちらたたきましたので、寺僧が『何をなさっておいでか』とお尋ねしたところ、『この鐘の調子を調べているのだ』と申されましたので、では、とその撞木を貸しました。そこでよくよく聞かれ、帰ってわれわれはじめ誰にでも申されましたのは、『古人はどのように聞いたのだろうか、一越ではないか。黄鐘ではない』と申されたので、友人の楽人が『飛騨守は何を言っておるのだ、昔から申し伝えがあるではないか』と申されたので、また楽人を大勢連れて元興寺へ参られ、人々に試してみると『飛騨守の申すごとく一越だ』と申されました。こうして結論がでたのですが、その後に東寺で浅利と出会いましたときに、時々に鐘を撞いているので、『あの鐘は何の音だ？』と問いますと『平調だ。今は盤渉だ』と、一回撞く音の中でしばしば言違えるので、われわれがお尋ねしますにね、「一つの調にてあるはずなのに、たびたびいい変わるのはどういうことですか」といいましたら、「鐘の撞き始めはだいたい平調なのです。わんわんと鳴る内には盤渉も出、雙調も出るのですよ」と申されるではないですか。「だいたい三つの調くらいに変じますね」と申されますので、そこで飛騨守以下の人々は聞き方が悪かったのだと納得いたしました。元興寺の鐘も撞き出しはきっと黄鐘だったのでしょう。その後わんわんとうなる内に一越になるはずなのに、皆このことに気付かなかったのだと納得いたしました。こういうわけですから、昔の人は納得もされ、浅利のように分かっていたのだと思うのです。

ここで話題となっている音楽は雅楽である。「平調」とか「黄鐘」「一越」「盤渉」などは調律（十二律）の名称のことだ。それの違いを聞き分けるということが話題となっているのだが、中ごろの森本検校のエピソード――音が合わない、世界が滅びるぞと避難した先で地震に遇い死んでしまったという話――からうかがえるように、音楽もまた天体の動き、世界の秩序と関係する。十二律の調の名称――「林鐘」「黄鐘」などの類――が十二か月の名称に用いられるのもそのためだ。八月の調にあわせた絃が風に吹かれて鳴ったり、碗の持つ調の「敵」――その調と相性が悪いということだろう――の調を鳴らすと割れてしまったとか、不思議な話が語られている。季節――二十四節季の日本版、七十二節季を春海は制定している――の調のみならず、森羅万象みな調性を持っている。

古代支那の考古遺物に偏鐘という楽器がある。銅鐸のような鐘が並ぶ音階楽器だが、古くから王と音楽とは、遊興の次元を越えて結びついている。端的にいえば、宇宙の調和の響きが音楽なのだ。

五、瓊矛拾遺

装置としての「学問」

重遠たちが『貞享暦』を読み終えたのは十九日の雨の降る日のことだった。

十九日雨。駿臺へ参上。今日貞享暦相濟色〻書物出。渕氏万国図、崇禎天地圖、天文瓊統〔御自作書本〕張果星宗出る。月大小遠近の秘説被仰聞《おほせきかされ》、申の刻罷歸《まかりかへる》。

この日も授業からそれてあれこれ話をしているが、その中に人から聞いた話として次のような記事を『新蘆面命』は載せている。

太田藤九郎殿〔土御門泰福卿の弟、松平丹波守殿に仕〕物語被申候は、近年伊藤源助紀州様へ書簡をさし上、天に無二二の日一と申候に、日本には二の日有。是によりて号令不レ一、宜しく帝位を将軍御踐被成《おふみなされ》、天子を大和公に封じ被成《なさる》様にと申上候。紀州様ことの外《ほか》怒被遊《あそばされ》、ケ様《かやう》之妄言江戸へ申上候はば死刑にも被可仰付《おほせつけらるべく》候。然共《しかれども》御慈悲を以、默止被成候間、以來必々ケ様之言、筆は不及申《まうすにおよばず》、口に吐申《はきまうす》間敷《まじき》旨御制戒被成候《いましめなされさうらふ》。

伊藤源助という侍が紀州公に上申し、将軍に皇位を譲らせて大和公とせよ、と言ったのだそうだ。紀州公は激怒したものの、死刑のところお慈悲で「默止成被候」という措置が下った。「以来、必ずこのようなことは筆はいうまでもなく口にもだしてはいけないと制し戒められた」というのである。

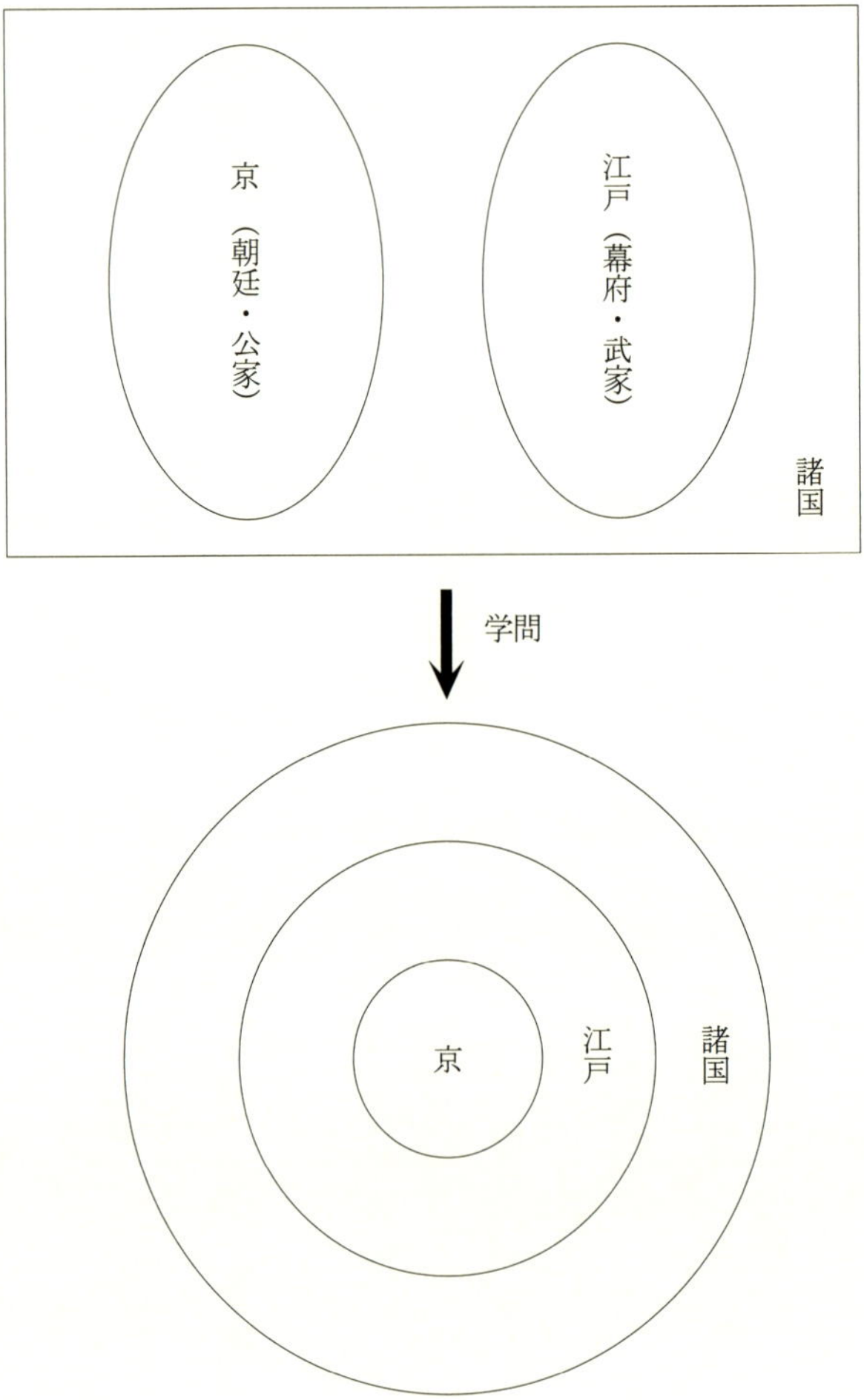

京（朝廷・公家）
江戸（幕府・武家）
諸国
学問
京
江戸
諸国

伊藤源助の主張は「天に二つの日無しと申しますが、日本には二つの日があります。ですから号令も統一されておりません」という観察に拠る。このエピソードが興味深いのは、源助が京都と江戸との関係を二重権力構造に把握していることで、保科侯や春海たちの朝廷との関係性に対する認識を相対化できる事例であることだ。さらに死刑に値するといいながら、「黙止」となったところ、また金輪際口にするな、と戒めたというのは、この主張に有る程度の妥当性が認められざるをえない現実が一方にあったということだろう。おそらくここで抑圧された疑問――「日本には二つの日有り」――が幕末維新に至り、保科侯の末裔松平容保《かたもり》侯が朝廷守護の立場にありながら、朝敵とさせられてゆくまでの伏流水の一つになったのではないか。

実際に二重権力構造的側面が存在していたからこそ、学問はそこに整合性を求める装置として機能していると見るのは深読みだろうか。空間的に離れて存在する江戸と京都という二つの中心を学問的に重ねることで、概念上同心円状の関係に組み替えようとしていたのだと。

春海のことばは次のように続く。

○渋氏が申分は、四重天より見れば大地は蟻ほどもなし。然にそこに居て帝王の公侯のとて臂をはる淺ましき事とて我法を説申様に仕候也。

いま二人の前には「渋氏万国図」がある。はるかな高みから見れば大地は蟻ほどの大きさも無い。そんなちっぽけなところで帝王だの公侯だのと肘張っているのは浅ましいことだよ、という渕氏（利瑪竇＝マテオ・リッチ 1552 ― 1610）のことばが導きだされたのは、あるいは先の話題からの韜晦かもしれない。

春海先生の民俗学　三月二十日からは春海の神道の著作である『瓊矛拾遺』の講読にはいる。

「瓊矛」は「たまほこ」と訓み「たまほこの」が「道」に掛かる枕詞であるところから「道」を意味している。本居宣長の「玉鉾百首」の「玉鉾」なども同じ意味で、神道を論じる際には広く用いられている語だ。「拾遺」とは「遺されたものを拾う」という意味だから、あわせて「神々の時代からわたしたちの歩んできた〈道〉（＝生活の歴史）の築いてきた遺産を記録したもの」という書名だと理解していいだろう。

では、「道」の「遺産」とは何か。

春海はこの著書では「道」について直接理屈は述べない。過去の記録や現在遺されている事例を示して「如此云々」とコメントしてゆく。採りあげられた事例は、国号、人生儀礼、神社祭祀といったものだ。基本、儒学の「五礼」に即しているように見えるが、それはカテゴライズの枠であって――「五礼」そのものが人間生活の基本だから汎用性がある――、例えば神社祭祀では伊勢の神宮の祭礼についてが中心となり、儒学の祭礼――天を祭り、日神は祭らない――

とは一線を画している。春海は神宮祭祀について、延喜式や儀式帳などから、どのような祭儀があり、何を準備し、どのように祭るかを引用列挙して具体的に示す。そしてコメントとしてそれにまつわる伝承や解釈（「傳」）を記すのだ。

『瓊矛拾遺』の成立　春海が『瓊矛拾遺』を著したのは上巻が元禄十一年、中巻が十二年、下巻が十三年だが、書いている間にも重遠への書簡の中でときどき進捗状況を知らせている。

一　瓊矛拾遺先艸書出来仕候。夥敷候故、書は如春秋少成か能候。愚亡故多成候間、随分簡可仕候。諸國えも尋遣申事共候間、存外延引及申事候也。

これは『天柱密談』と題して重遠がまとめた春海からの書簡集の中に見える一節で（第七冊、土佐山内家宝物資料館蔵）、「元禄丁丑年（十年＝一六九六年）正月廿七日到」と書き込まれた後に貼付されている書簡の中に見えるものだ。「瓊矛拾遺の下書ができました」といい、最後に「諸国にも尋ね遣わしました事どもがありましたので、思いのほか手間取りました」と言っている。文献調査だけでなく、民俗調査のようなこともして書き上げられたことがわかる。また同じ丁丑年閏二月二十日に届いた書簡の中には、

尚以瓊矛拾遺艸案出來仕候而清書執申候。古事紀御氣懸り可被成旨、一段之御吟味候。

ともあって、清書を始めたらしい。なお、古事記（紀）云々とあるが、二人が度会延佳が元禄四年に刊行した（跋文は貞享四年）『鼇頭古事記』をテキストに通信教育を始めたのがこの年である。それが先述した『古事問批』だ。

年次不明だが三月二十七日付の書簡（おそらく丁丑年）で、春海は、

一　内々瓊矛拾遺ハ中巻迄皆出来仕候。下巻之祭ハ未出来候。上中御所望候はゝ、先清書仕進候可申候。自筆遅引可申候へ共。

と言っている（『天柱密談後附一』）。「瓊矛拾遺は中巻まで、みなできましたが、下巻の祭のところはまだできていません。上・中巻を読みたいのならば、まず清書してもいいですよ。わたしが書くので遅くなりますが」と、重遠に読ませたそうにしている。

だが重遠が『瓊矛拾遺』三巻を春海から受け取ったのは、完成から一年間空いた元禄十五年十一月のことだ。春海自ら書写した本であった。現在春海自写本の所在は確認がとれていないが、その写しが土佐山内宝物資料館に保存されている。これは市原辰中という重遠の弟子が元禄十六年二月に書写したものだ。

この市原辰中筆写本がきわめて興味深い。「秦山書蔵」の蔵書印が押された——従って市原辰中私架蔵本ではなく、重遠が弟子に命じて写させた本だと判断される——楮紙袋綴の写本で、

本文にいろいろな書入があるのだが、どうやらこれは重遠自身が書き入れたものらしい。というのは、その内容が『新蘆面命』の記述と重なるからだ。元禄十七年二月、重遠はこの本を持って江戸に向かったのではないか。春海先生から頂戴した本は大切に自宅の書庫に保存し、弟子に写させた本を持って旅に出、江戸駿河台で教えを受ける際にはそのテキストを用いて、先生の講義内容を書き入れる。そんな様子がこの写本からはうかがえる。

なお市原辰中は、宝永に入ってまもなく乙酉年（宝永三年）、三十一歳で亡くなっている。重遠はその死に臨んでその才を惜しむ祭文を書いていて（『秦山集』四十八）、「嗟嗟、辰中、性静かに識明なり。我が説を聞くに昭なること、朦を発くがごとし」と称えている。重遠の一回りほど年下の弟子であった。

『瓊矛拾遺』を読む

○廿日〔午ノ刻より晴〕駿臺へ参。瓊矛拾遺上巻を讀。造化は無形と風葉に被仰候。こゝには有象を加へ申候。日月等無形とは難申事也《まうしがたきことなり》。

これが『瓊矛拾遺』を読み出した初日の最初の記事。いきなり「造化は無形」とあるので面食らうが、『瓊矛拾遺』の上巻の始めに、

所《トコロ》レ生四名《ウムヨツノナ》

造化《アメノシワザ》　氣化《イキノ》　心化《コヽロノ》　身化《ミノ》或云胎化

造化《ヲノヅカラナル》無《ハナシ》レ形《カタチ》又有《アリ》レ象《カタチ》
国常立尊《クニトコタチノミコト》　保食神《ウケモチノカミ》　此無レ形
日《ヒ》月《ツキ》星《ホシ》水《ミツ》火《ヒ》木《キ》金土《カ子ツチ》　此有レ象
氣化《イキノキザシ》曰《ハイフ》下従《ヨリ》二天地《アメツチ》一自《オノツカラ》所《ル》レ生《ナセ》之《ノ》有《アリ》レ形《カタチ》有《アルヲ》上気《イキ》伊弉諾尊《イザナギノミコト》伊弉冊尊《イザナミノミコト》高皇産霊尊《タカミムスビノミコト》此也

とあるのを見れば、何についての話題かがわかる。神の誕生形式のことだ。「風葉」は闇齋の神代巻の講義ノートである『風葉集』――「風葉集首巻、頃日一閲を得。是れ垂加の筆なり」と春海はいう（『甲乙録』五‐60）――のことで、それを受け継ぎながら春海の見解で「有《アリ》レ象《カタチ》」を加えたということだ。日月星辰には形が有ると示している。

続けて記録されている春海のことばは、

〇有形神には有社、無形には無社と云は、經晃の説也。もし有社は後世の事也。

というものだが、ここに登場する「経晃」とは荒木田経晃《あらきだつねてる》という人物のことだ。伊勢内宮の神主の家柄である。この人にはあとでまた登場してもらおう。

『瓊矛拾遺』上巻「所生四名」の項目の次は「婚礼（ムスヒノイヤマヒ・ミアヒノイヤマヒ）」である。神代巻から諾冉尊《いざなぎいざなみのみこと》の結婚、天忍穂耳尊《あめのおしほみみのみこと》、瓊瓊杵尊《ににぎのみこと》、鸕鷀草不合尊《うがやふきあえずのみこと》の結婚を抜き出し、この四代が后を一人だけとしていると説く。ここでは「キサキ」の訓を「君に向かふなり。君を略してキと云ひ、前向《サキサキ》同じく訓くなり」という解釈を示している。さらに皇孫が木花開耶姫《このはなのさくやひめ》を娶るときに姫が父親に問うところを引用し、「勅命といへども自ら許さず父に問ふは礼なり」とする。さらに豊玉姫との婚姻を神代巻から引き、「下臣の礼なり」として、そこに「臣」の訓「マクラ」について「誠《まこと》の蔵《くら》なり」と解き「臣は忠《まめ》を入れ置く器《うつはもの》なり」とする。

赤穂の牢人（浪人）による吉良邸襲撃事件は、元禄十五年だから、元禄十一年の春に書かれた『瓊矛拾遺』上巻成立以後の事件だが、直後から芝居化され、二十年後に赤穂義士の物語は人形浄瑠璃作品『仮名手本忠臣蔵』に結実する。この外題《げだい》（興行用作品名）は四十七士をいろは四十八文字に重ねて表し、かつ実名を避けているので「仮名」、武士の鑑として「手本」、あわせて「仮名手本」となると「わかりやすいサンプル集」ということか。そして「忠臣」が込められた「蔵」ということだが、これに春海の「臣は忠を入れ置く器なり」ということばを響かせれば、「忠心を持った者のわかりやすいサンプル集」というところまで外題の意味空間は広がってゆく。「臣」というものに対する認識は春海の説くところと当時の世間とそう隔たっていないはずだ。

婚礼の最後の記事は天鈿女命《あめのうずめのみこと》が猿田彦に乞われるままに「侍送《あひをくる》」ことを上げ、「如此乞ふ

もまた礼なり」とする。興味深いのはその次で、

女御御入内《をほんうちにいらせたまふ》の時、御車に先たつて乗る者有り〔或は御輿〕。此れ即釧女命の故実《ふるきしるし》なり。俗も亦人形《ひとかたち》の夫婦《をとめ》を作り、先の輿に乗する者も亦古《いにしへ》の遺法《のこれるのり》なり。

としているところだ。女御御入内《じゅだい》の例はともかくも、そこで「俗」の風習を挙げ「古之遺法也」としている。

『新蘆面命』は造化云々の次の記事に、突如、別の話題が記載されたように見える。

○小笠原家長女の縁につかれ候時は、先のりの婦人有。かつらと云。常には在京也。二番息女《ムスメ》よりは不レ及二此儀一也。稲葉長門守殿へ小笠原遠江守殿息女被参《まゐられ》候時、七歳ばかりのはふこをのせ先のりする也〔乗物開て有〕。八重姫様水戸殿へ御越の時先乗白ごし〔白ごし法也。かざり無の義也〕。めしいしきぬばりを持て被居候。是も乗物開て有。後光明院様朝覲の行幸の時釧女　宝輦　后車〔両車婦人十人計〕　本院様　關白殿如此車六両也。尤此間色々の行列有之候。如此本式也。　後西院様の時、今上様春宮立坊の時、車一両出候。此段　後西院様被聞召。勅に一両と云事はさたの限也。此夜には朕泉湧寺へ可参と也。此物がたり坊城一位殿被成候。如此不吉の例にて候に賀茂のあふひ祭車一両出候。不祥の事也。

と、小笠原家の嫁入りの話になるのだ。しかし、『瓊矛拾遺』上巻を横において『新蘆面命』の記述に臨むとき、これが『瓊矛拾遺』の記載内容に即して展開された話題であると納得できる。『新蘆面命』の記述には『瓊矛拾遺』の記述の情報ソースの開示という側面がある。

安井算哲と名乗っていた春海――例えば肥後細川家伝来の宝物を守り伝える永青文庫に伝わる天球儀の銘文に「安井算哲」の署名が見られる――が、貞享暦改暦以後、束髪が許されて保井助左衛門を名乗るようになる。澁川に改姓したのは元禄十五年だから、『瓊矛拾遺』の識語は「保井助左衛門源春海」、また重遠との通信教育は「保井都翁《つつじ》」名でなされている。

春海先生のご先祖さま

春海が澁川に改姓したのは、本来、春海の家が澁川と名乗っていたからという理由での復姓である。春海自身のことばで説明すると、

源満仲、頼信を生む。頼信、頼義を生む。頼義、義家を生む。義家、義国を生む。義家、義重〔新田の祖〕・義康〔足利の祖〕を生む。義康、義兼を生む。義兼、義純〔遠江守。畠山・岩松の祖〕を生む。義純、泰国〔畠山上総守。法名空蓮、或は上野前司〕を生む。泰国、時国〔畠山阿波守。古本国氏河内守。正五位下〕を生む。時国、貞国〔民部丞。従五位下〕を生む。貞国、家国〔尾張守。治部大輔。従五位下〕を生む。家国、義熙〔播磨守〕を生む。義熙、満基〔畠山播磨守。刑部少輔。今の高家畠山の祖〕・満安〔畠山九郎と号す。或は満貞と名のる。

> 満の字、鹿苑院、之を下賜す。内執事と為り、政務を知る〕を生む。満安、光顕〔澁川右馬丞と号す。知行河内澁川郡。有職の達人〕を生む。光顕、光重〔安井隠岐守、近江守。知行播磨安井郷。此の時、安井と号す。或は澁川と号す。将軍義重公の時の人なり〕を生む。光重、重顕〔将軍義勝公、澁川郡を以て他人に附す。故に河内に籠居す〕・光長〔三郎左衛門〕を生む。光長、永行〔安井摂津守。摂津に居す〕を生む。永行、定継〔安井助左衛門〕を生む。定継、定重〔安井主計、天正五年志を信長公に通じ属さず。光佐上人、大坂兵囲居所を攻め戦死す。嗣无し〕・定正〔安井勘介、後に善海と号す〕を生む。定正、宗順〔安井忠右衛門〕を生む。宗順、次吉〔安井算哲、幼名六蔵。榊原式部少輔の沙汰を以て駿府に至り、御目見。時十一歳。囲碁の御相手と為すなり。是れ関ヶ原御陣の前年なり。後、囲碁の秀逸を以て、其の家と為る〕次吉、春海〔家紋五葉唐花〕を生む。

という系譜にあって（『甲乙録』六-68。傍線、志水）、九代前の光顕まで遡って澁川の姓が本来であると位置づけたのだということになるだろう（傍線部）。その光顕に「有職の達人」とある。

右に続く記事は、

> 有職八家、今直参に小笠原・伊勢・吉良・一色・山名・今川、就中小笠原・伊勢、有職見るに存して時に達人有り。尾張の家小池氏有り。亦有職者なり。惟澁川の有職伝はらず。

八家伝来の中、澁川家此の如し。伝ふ等の語、時に或は之有るのみ。

というもので（同-69）、春海の家、澁川家は本来有職の家であるとの自負があったと思《おぼ》しい。『新蘆面命』で示された小笠原家は、ここに見える有職の家の小笠原家であろう。ここに見られるような〈伝来〉という事実が、この風習——婚姻時の先導の風習——の正当性を支える根拠となっている。いいかえれば有職の家に伝えられてきたという事実への信頼——絶対性を帯びた——がうかがえる。春海の価値観の一面である。

表筒中筒底筒の祭、有職の家の奥秘に出づ。

とある祭は先祖の祭であるが（同-70）、それに関して、

先祖の祭、伊勢・吉田定説无し。識者の達人、西三條殿当春日之少宮とす。則ち公卿亦正説无し。惟武の家八家の有職、神武帝の制を伝ふ。是れ誠に当に信従すべきところなり。

と説くところからも（同-74）、有職八家の秘伝に対する誇りと信念が確認できる。春海はさらに、

公卿識者は固より多し。然るに皆延喜以後繁華の式なり。神武・綏靖二帝の法を伝へ得ず。惜いかな。

という批評を加える（同-76）。藤森神社のところで紹介した「舎人親王制する所の小杯手坏云々」

(同-77)の一文があるのはこの直後で、この文中に「延喜格式之に従ふことを知らず」という批判があるのはこの一連の流れの中での言説である。その流れから舎人親王が神代巻を介在させて「神武帝の制」「神武・綏靖の法」の伝承者として位置づけられているのだ。

山内文庫本『瓊矛拾遺』の価値

『新蘆面命』、次の記事は、

○竪目錄二枚、横目錄一枚は、後水尾様坊城殿へ御おしへ被遊《あそばされ》候也。

というもので、また脈絡が切れるが、あわせて『瓊矛拾遺』も次の「韓櫃《カラト》」の項に移っている。

装束《よそをひ》の箱《はこ》なり。その蓋《ふた》を広蓋《ひろふた》と謂ふ。古代《ふるみよ》の器《うつはもの》なり。御服《みぞつもの》を広蓋《ひろぶた》の上《うへ》に置《を》いて君《きみ》より賜ふ器《うつはもの》なり。箱《はこ》は田舎《いなか》に多《をほ》く之有《これあ》り。上古《をほむかし》神社《かむこそ》の御体《みしるし》の箱《はこ》も亦是《またこれ》なり。源氏物語の絵《ゑ》にも見えたり。今目録《なのしるし》に呉服と書けるは甚だ誤りなり。御服と書くべきなり。日本紀及職原に見ゆ。

というのが本文。これに双行の註が付く。

竪目録は二枚、折紙一枚なり。折は則ち二枚の義とす。小笠原家誤りて折紙二枚・竪目録一枚とするなり。折紙二枚乃ち四枚の義とす。武家多く忤ふ。尾州家板倉氏の目録最も是とし武家に亦之無きに非ずや。

というものだが、山内文庫本『瓊矛拾遺』は右の中「神社《かむこそ》」の箇所に「訓知れず」、「二枚の義」

の箇所に「後水尾帝、坊城殿に教へたまふ」、「板倉氏」の箇所に「曽我丹波守之を教ふ」と、それぞれ朱の書入が見える。これは早稲田大学本や岩瀬文庫本、内閣文庫本などの『瓊矛拾遺』には見られない独自のもので、その一つが『新蘆面命』と重なる内容となっている。山内文庫本が、面命時に重遠が使ったテキストと判断する一つの根拠である。

重遠によると判断される書入が多くみられるのが山内文庫本『瓊矛拾遺』の特徴であり、価値であるが、朱による書入はそれほど多くなく、墨による書入が圧倒的に多い。次の朱による書入は次の項目「上指袋《うはざしのぶくろ》」の箇所に見える「袋をウハザシと云ふこと他国に曽て伝へず」というもので、以降、上巻内に朱による書入は見えなくなり――次の丁《ちょう》（ページ）に朱筆のころがった痕跡が見える――、次の書入が「髪上《かみあげ》」の項目を隔てた先、「産屋蟇目《うぶやのひきめ》」の項でのコメント文中の「産前《うむまえ》産後《うむのち》高皇産霊《たかみむすひ》神皇産霊《かんみむすひ》二尊《ふたつのみこと》を祭る」に施されたもので、頭注状に、

> 矢野に小刀のさきにてヒキ目を八つたてに引くなり。長さはタカバカリ七寸なり。これ有職の伝へにて都翁秘にめさるることなり。常に云ふヒキ目には習合ををし。この伝へ人のしらぬことなり。八目といへば目の様なことを八つつけることと云ふぞ。うぶやより外で祈禱にして式法のとをりすること也。

と墨書されている。ここの「これ有職の伝へにて都翁秘にめさるることなり」という表現から

は、重遠の都翁直伝を得られたことの嬉しさが感じとれよう。

『新蘆面命』は、右の「竪目録」の次からは『瓊矛拾遺』の内容とは離れていっているようだ。

教室の風景

○荘子《ミナミノハナ》、周公旦《スクタン》。○星の訓は多《おほ》し也と吾視《あれみ》被申候。○元冠は大臣ならでは不成。[土の間式板]。如此向を両方よりまわし申候也。式臺は柱ばかりにて、向左右にかべなし。かべ有は非也。門は常にあくよし、今常に閉て客有之時あけ候は不吉の例也。尾の津守様の御門よし。○象限尺水もり申候所壱尺なれば、三分かうばいに高さを見る也。○両國橋人の二階にて三尺の丈木にて眞西〔磁石の通〕を御覧。その丈木の手前のかどよりふじの根方を御覧。壱尺ばかりあき申候。さて眞東〔本庄のみぞ〕へ一里しさり又そのせばみを見て遠さ二拾四五里と知也。〔こゝにてかうばい算入て高さを知也〕○原にて、たとへば象限尺にて三寸有。一里北へ行。吉原にて三寸有。此差にて根方へ五里としり、高さ弐十四五町と知。　権現様の時、角倉竹を立て見申候。弐十四丁と見申候可然也。

だんだん測量術に話が移動している。そして辞書的事柄を記述して、次の日の記述となる。

○廿一日、曇。駿臺へ参。松平右京大夫殿、天文者山﨑平次郎衛〔但出石人〕。近付に成。河内國久宝寺村、保井孫兵衞被参《まゐらる》。一所に料理被下候。○足、不離地《ちをはなれず》〔とぼこ上〕。心御柱

を切候時、少にても地をはなれ申候へは不祥として不用。杣入より立候迄、少も地ははなし不申候。凡皆此道理也。公家衆ありき給ふに足不放地。能大夫などもそれを學申也。朝鮮人、物はよく候へ共、足取たかく不可然也。

「足、地を離れず」云々は『瓊矛拾遺』の「元服《はじめのよそをひ》」の章に「襪《しとうづ》は下履《したくつ》なり。歩《あゆ》むとき、則ち足地《あしつち》を離れず」とあるのに対応する。この前後は元服の際の装束についていろいろ書かれた場所だ。

○神代服、識者に習有之《ならひあり》。今の肩衣袴のごとくにてひだなし。上服下裳にしたるもの也。神武の時より、小袖になるしたて様。上品下品共に同し《(じ)》仕立也。天子は白二重の御小袖也。武家に肩衣はかまを用申候は、頼之より始内野合戦より如此成候と申候は、あやまり也。後世の奢をおさへ神代の古を用て禮服とせり。ひだもなし、ひだを取は信長より後の事也。信長公の御影に肩衣にひだなし。是にて可見也。重遠申上候ハ、太閤様長宗我部伏見の第へ御成の時、土佐の侍三幅《ミツ》のはかまを著用申候事。古記に有之と申上候へば、よき證據と被仰御悦被成候。

右は、春海先生がまず講義をしている。

「神代の服は今の肩衣袴《かたぎぬはかま》（裃）のようで、襞《ひだ》はありません。上を服、下を裳《も》にしたものなのです。神武の時より小袖《こそで》になるよう仕立てました。上の者下の者ともに同じ仕立てです。天子は白の二重《ふたえ》の小袖です。武家が肩衣袴を用いますのは細川頼之に始まり内野合戦の時からこうなったと申し伝えますのは誤りです。後世の奢《しゃ》を押さえ、神代の古式を用いて礼服としたのです。襞もありません。襞をつけたのは信長より後のことです。信長公の肖像画に襞はありません。これを参考にすべきです」

ここで思いついたように重遠が先生に申し上げる。

「太閤様が長宗我部の伏見の御屋敷にお見えになったとき、土佐の侍が三幅の袴を着用したと古記に見えます」

すると春海先生は、

「よい証拠です」

とにっこりして喜んだ、という。春海のことばに対して重遠が自分の持っている知識を話して褒められ、得意気になっている様子が見える。

笏へのこだわり

服飾の中でも春海がこだわりをみせるものは笏についてである。

○笏に三種を備は立は劔の徳。これを見て身を直すは鏡の時〈徳〉。いつくしきていは玉也。

○牙は、カイがまわると云。舟のかい、せつかいなど〻《(と)》云。神代には天子かいを持給ふ。臣下は笏也。神武の時、牙を以天下を治給ふ事不叶、始て兵を用給ふに至れり。是より牙を止て、笏に被遊候。牙といふ物有之しるまいなど〻西三條殿被仰候。いか様したるもの存被成哉。其傳不残也〔拙者申候は柄の訓かい也。又物のかひあるかひなきなど〻申。訓これに通可申候、先生感心被成候也〕。

○笏、西土の人はこしにさす。日本にはさゝぬ也。行時は右のわきにつてよく持、ひぢはりありく也。座する時右の膝の上に持握ると云は、土御門殿傳。にぎらぬ様に持候は、三條殿傳也。少ひぢはる様にする。つよくはり候へば、草臥あしゝ、やわらかにしてよし。大成殿尺菜の時、大学頭殿遠方より笏をまんなかに持て被参。法をしらぬ也。結句楽人は法に叶ふ持様也〔今西土ノ人ハ左ノ肩ニ持〕

ここでも重遠が春海のことばに思いつきをのべ、先生に感心された事を注でこっそり開陳している。

春海は『瓊矛拾遺』で笏について長めのコメントを述べる。先の「襪云々」に続く記事で、

笏《しやく》は三種《みくさ》の徳《いきをひ》を備《そな》へ、神代より製《つく》れるなり。
和姫世紀《やまとびめのよのふみ》に曰く、天児屋命《あめのこやねのみこと》の形《かたち》笏《しやく》に座《ま》す。

御鎮座紀に曰く、天児屋命《あめのこやねのみこと》の霊《みたま》の形《かたち》、笏《しゃく》に坐す。牙《かひ》の像《かたち》なり。天《あま》の石戸《いはと》開《あ》けの時、捧げ持ち祝詞《のっと》敬《いやま》ひ拝《をが》み鎮《しづ》め祭《まつ》る。笏《しゃく》、賢木《さかき》是《これ》なり。

かく、笏は児屋命の始《はじめ》て制《つく》れるなり。シャクの反、サク。サとスと相ひ通て直《すぐ》と云ふ義《ことはり》なり。行《ゆ》くとき坐《いま》すとき拝《おがみ》すとき、皆習ひ有るなり。拝むは、をれかがむの略訓なり。今諸越《もろこし》の笏《こつ》の法を以て礼と為す。笏《こつ》に奏《まう》すの事の書《しる》す者《ひと》は、甚だ誤りと謂ふべし。西土《もろこし》には木笏なし〔礼玉藻に曰く、笏、天子は球玉を以てし、諸侯は象を以てし、大夫は魚《うを》の須《あぎと》を以てす。竹を文《かざ》る士は竹の本《もと》の象可なり〕。

続日本紀《つぐやまとぶみ》に曰く、養老三年二月《きさらぎ》壬戌、職事・主典已上は笏《しゃく》を把《と》る。其の五位以上《かみつかた》は牙《きさ》の笏。散位亦笏《しゃく》を把《と》ることを聴《ゆる》す。六位已下《しもつかた》は木《き》の笏なり。

日本後紀類聚に曰く、大同四年五月《さつき》癸酉、五位以上通じて白木《しらき》の笏用ふことを聴《ゆる》す。其の白玉・玳瑁《たいまひ》等腰帯は亦延暦十五年格に依る。

かく、神代には、賢木《さかき》の笏《しゃく》を用ひ、中古《なかみよ》誤《あやま》りて異国の笏を以てすなり。今大臣よりして下官まで櫟木《いちひのき》の笏《しゃく》を用ふ。猶ほ太古《ををむかし》のごとし。然れども、識者、西土《もろこし》の式《のり》を曳《ひ》いて、或は牙《げ》の笏を用ふ習ひ有りと、或は事を笏に書すとは神道を知らぬ者なり。笑ふべきかな〔晋・宋より以来、手板を謂ひ、西魏已後、五品已上通じて象牙を用ふ。唐の高祖の武徳四年七月六日、詔して五品以上象牙、六品以下竹木笏を用ふ」。櫟木は、飛騨国位山の材、美《よ》しとす。樅《もみ》に似たり。他俗《あだしびと》犬栢《いぬがや》と謂ふ。伊勢・賀茂・春日に謂ふ櫟は、樫《かし》に似て材色白くして美《よ》からず。四国・九州に櫟と謂ふは、材色赤くして美し。或は云ふ、赤樫《あかかし》とも。或は云ふ、一位。元服《はじめのよそをひ》の時、名を改む。思兼命《おもひかねのみこと》のごときは、思慮《おもひばかり》の智《さとり》有り。太田命《をほたのみこと》・大国主神《ををくにぬしのかみ》のごときは、世世《よよ》同じ名有る故に、世俗《よひと》、先祖と号《な》を同じくする者有り。

と、二丁（4ページ）に及ぶ言及がある。この言説は、装いにおける同様の形式――笏を持つ姿――に対して、支那と日本とを差別化し、支那礼賛者への批判を含めて日本の装いを神代に結びつけようとするところに発している。そこで用いられるのが「和姫世紀」――神道五部書の「倭姫命世記」のことである――の一節である。

神道五部書

「神道五部書」とは外宮で重要視されてきた神道書で「宝基本記（造二所太神宮宝基本記）」「御鎮座伝記（伊勢二所皇太神御鎮座伝記）」「御鎮座本記（豊受皇太神後鎮座本記）」「御鎮座次第記（天照坐伊勢二所皇太神宮御鎮座次第記）」にこの「倭姫命世記」を加えた総称である。識語に従い――例えば『倭姫命世記』には、「神護景雲二年二月七日、祢宜五月麻呂、之を撰集す」とある――古代以来の書と伝えられ尊重されてきたが、元文元年（一七三六）に尾張東照宮の神官、吉見幸和（延宝元年 1673～宝暦十一年 1761。元禄七年 1694 に家督相続）によって識語による成立年代は偽りであることが論証された（『五部書説弁』）。この吉見幸和も浅見絅斎に学び、また正親町公通、玉木正英に学んだ垂加門流の学徒の一人である。

実は五部書への疑念は吉見幸和以前にも提出されている。「甲乙録　五」に「経晃曰」として次の記述がある。

五部の書、固より間々古伝有り。然に本外宮の神職、外宮の神威を附益せんと欲し、之を偽撰するは、鎮座伝記に、心の御柱径四寸長五尺と本来の寸に非ずして四徳五行も亦習合するのみ。（「甲乙録」五-86）

五部の書・十二部の書、皆外宮の人の述作なり。是れ豊受の宮の神威を附益せんが為に偽り作るなり。（「甲乙録」五-114）

経晃すなわち内宮神主荒木田経晃（中川経晃）だが、吉見幸和の説はこうした先人の疑いを実証的に発展させ論証に成功したものと位置づけていいだろう。

経晃に教えをうけている春海であり、次のような発言がある（「甲乙録」一-62）。

垂加の門人皆五部の書を重す。内宮之を取らず。和姫世紀、天下和順の語は、浄土経の文なり。其他仏語を用ふこと甚だ多し。蓋し習合の書なり。

その一方で「倭姫命世記」については、

三十年前、太和姫世紀、外宮に一本、上鴨に一本始て出づ。上鴨の本は予之を見る。連幅玉軸古代の本なり。

とも言うから（「甲乙録」五-41）古代の本と受けとめて、習合はあっても信用に足る文献として用いていているようだ。

笏と牙

さて『瓊矛拾遺』上巻講読、笏について、まず「三種の徳を備へ」と言う箇所について、春海はまずは笏を立てるのを「剣の徳」と解説し、続けて、これをみて身を正すのは「鏡の徳」。「いつくしきてい」が「玉」で「三種」ということらしい（『新蘆面命』）。

先の引用文で「鏡の徳」が「鏡の時」となっているのは、重遠自筆と思われる山内文庫本が「剣の徳」の「徳」の字と「鏡の」の次の字とが字形を異にし、それが日篇に「寸」と読めるので「時」と判読できるわけだが、ここは文脈上「徳」でなければおかしい。実際、国立公文書館所蔵の『新蘆面命』の本文は「徳」となっている。ただ、そう言うと、山内文庫本が写本であり誤写されたのではないかという疑念がわくが、前述の通り、重遠自身がこの本を所有していた可能性はきわめて高く、この一條が「甲乙録」(七＝面命の記録巻)に翻載されていないところをみると、ここは重遠自身が「甲乙録」編纂時に判断がつきかねていた可能性が想定され、やはり重遠側の記述に問題があったと判断したほうがいいと思う。具体的に想像すれば、春海の発話した「かがみのとく」を重遠が「かがみのとき」と聞き間違えたのではないか、ということだ。「甲乙録」には別途、

笏は三種の徳を備ふ。向は鏡に比し、直は劔に比す。持守の心は、玉なり。

という記載もあり(五-28)、あえて書く必要を感じなかったということもあったのだろう。

一読の通り、『新蘆面命』のこの条はいささか乱れたところがある。「笏に三種を備は」は『瓊矛拾遺』の本文を引用しての項目立てだろう。次の「立ハ」は次の「劔の徳」の主語だろう。この箇所、筆の運びは「在」にも見えるが、「在」では文意がつかみがたく、「立」ととり、おそらく笏を手に立つ姿のことだと解釈すれば、右に示した「笏を立てるのは剣の徳」という文意になる。続く「これを見て身を直すは鏡の時」とある「これ」が「笏」を指すのか、それとも笏を持つ立ち姿のことか判断つきかねる。問題の字を「時」で解釈するには、「剣の徳」の発動を見て身を正すのが「鏡」の徳の発動している「時」とするしかないが、それより「とき」が「とく」の聞き間違いであると考えたほうが文意はすっきりする。そうして最後の「い

つくしきていは玉也」は笏を持って立つ姿の美しさを「玉」に例えると理会すれば、「笏は三種の徳を備」えているのだと理会され、「甲乙録」の記事とも齟齬することはない。

ここの「てい」を国立公文書館本は「底」としているが、右のように文意をつかんだ場合、「体」でなくてはおかしいだろう。この「てい」を「底」とする解釈をもって、国立公文書館本の本文には書写者の解釈が加わっているように思え、それゆえ「鏡の時」がオリジナルではないかと考える（翻刻者、芹澤芳里）のである。ちなみに国立公文書館の『新蘆面命』は冒頭に「室信介門」と書き添えられているが、「室信介」とは重遠と同時代に活躍した文人として知られる室鳩巣のことである。この「室信介門」と書かれた写本は広く流布したらしく、大田蜀山人が編んだアンソロジー『三十輻《みそや》』に採用された本も――後に活字化されている――この系統の写本である（『新蘆面命』は『続三十輻』に収められている）。なお、「室新助門」系統の本文を山内文庫本の本文に対照させると、かなりの箇所で漢字書き・かな書きに異同が見える。

内容に戻ろう。笏は天石窟神話で天児屋命が捧げ持った賢木がそれだという。『和姫世記』『御鎮座紀』の文意に即せば、天児屋命が捧げ持つ姿そのものが笏の形象をとるように受け取れるものの、この箇所、例えば『倭姫命世紀』（「和姫世記」）の場合で言えば、次の箇所からの引用だろう。

> 相殿神三座〔大一座、天津彦彦火瓊瓊杵尊、形鏡に坐す。前二座、天児屋命・太玉命、形笏《天》に坐《児》し、宝玉《太》に坐《玉》す。大は左方坐前、二坐は右の方に坐す。〕（富山市立図書館山田孝雄文庫蔵本）

つまり豊受大神宮の相殿のご神体の姿である。

『瓊矛拾遺』の所伝の面白い所は「牙《かひ》」のことだろう。五部書の『御鎮座紀』を典拠とし、これはおそらく神代巻の「葦牙（＝芽）」とリンクする語であって、その形状と笏の形状とが重なっての言説だろう。『新蘆面命』では西三條殿が知っていたらしいことを記すのみである。そこで思いつきを重遠がいったら感心された、ということになる。「甲乙録」にも春海の「牙」への関心の深さが見える。

> 笏は牙の象なり。牙は神代の神聖之を持てり。大己貴火爛降兵を用ひず。徳を以て平順す。牙の徳なり。神武に至り徳古に及ばず。兵を以て之を治む。是より牙を用ふること能はず。而して笏を用ひる。牙は神代の事。然に考へ倣はずんばあるべからず。（六－46）

> 笏は牙の象なり。牙は泰福卿尚未だ伝へ得ずと曰へり。西三條實教公甞て之を知れりと曰へり。然に此の公高貴豪簡、人之を問ふを得ず。但神武帝未だ甞て之を用ひずと言へば、則其の説粗推考すべきか。今柄の字楫の字梭の字、皆牙と同訓なり。（六－62）

ここでも具体的な形状については言及していない。なお、六－42条には、重遠が、「劒の装い、笄《こうがい》を用ゆ。蓋し小牙《こかい》なり」と注記している。

「宿祢」について語ること

『瓊矛拾遺』の叙述は、「元服」の項目から装束について展開され、笏について開陳された次には「宿祢《すくね》」の項が立つが、内容は神武東遷の話題から帝都とその建築の話に展開する。『新薫面命』が、笏の話から、

○職原の本伝、神武の時官八にして事足。其後官多く成ほど連候事不足。安芸国賀茂郡、神武の都の跡有。八條有。一條に一官づつをき玉ふ習也。物皆八にして備る。九重は、から《唐》の流也。福原は不足レ取ニ。

と飛ぶのは、『瓊矛拾遺』と連動するからだ。ここでは春海は「宿祢」の語義を『旧事紀《ふることのふみ》』に求め、神武天皇元年に「宇摩志麻治命《うましまちのみこと》以て近《ちか》き宿《やと》に侍《はんべ》る。因《よつ》て足尼《そこね》と号《なづ》く。其《そ》の足尼《そこね》の号《な》は此《こ》れよりして始《はじま》る」という記事を引き、

かく、近臣そこにねよとのことなり、後世《のちのよ》、之《これ》を宿祢《すくね》と謂ふ。連《むらじ》・物部《もののへ》・伴造《ともそこ》・大夫《ますらを》（「丈夫《ますらを》」と訂正が加えられている）・丈夫《ますらを》（「国造」と訂正が加えられている）・中食国政《けくにのまつりごと》・県《あがた》主《ぬし》、此《こ》れ等《ら》久代官名《そのかみつかさのな》なり。群《む》れ従《したが》ふの義《ことはり》を以て連《むらじ》と謂ふ。

と、語の音韻の縮約を以て読み解く。この解釈法は「笏」のところのほか、随所でみられるものだ。

『瓊矛拾遺』のここには頭書があって、本文とは墨の色が違うから重遠の書入と思われるが、「今宿祢《しゅくね》とよぶなり。其の姓の頭たる官一人をスクネと云。外皆シュクネとよぶ。此れ室町家義満の時よりの掟也」と発声上の差別に言及がある。これは『新蘆面命』には見えない記事である。

聖蹟について語ること

さて、『瓊矛拾遺』は、武内宿祢を「棟梁之臣」としたことや「大臣」の号の由来（日本書紀巻七）、「大連」の創始（日本書紀巻八）、冠位十二階（日本書紀巻二十二）、左右大臣設置のこと（日本書紀巻三十）、淡海御船による漢風諡号の追号のこと（釈日本紀）に言及し、

日向国帝都《みやこ》の跡《あと》は宮崎《みやざき》の郡《こをり》に在り。〔其の国の南なり〕

神代《かみよ》の下巻《しもつみまき》に曰《いは》く、襲《そを》〔今、大隅の国府なり。之を贈於《そを》と謂ふ〕

神武天皇、菟狭《うさ》に行幸《みゆき》し、乃ち川上《かわのほとり》に一柱騰《ひとつはしあがり》の宮を造《つく》る。〔日本紀第三〕

古事記《いにしへごとのふみ》に曰《いは》く、足一騰宮《あしひとつあがりのみや》を作る。

かくは、階《きざはし》の事《こと》なり。宮殿《みあらか》の階《きざはし》は、九騰《ここのつあがり》なり。一騰《ひとつあがり》は行宮《かりみや》なり。七つ、五つ、三つ、其の位に随ふ。角《すみ》の柱《はしら》を以て之を横《よこた》ふ故柱と謂ふ。神社《かみこそ》の階《きざはし》も亦位に依るのみ。内外宮《うちとのみや》の階、以有《ゆへ》るや。

　神武天皇、安芸国に至り、埃宮《えのみや》に居す〔日本紀第三〕。
かく、今、此処に都蹟《みやこのあと》有り。一條《ひとすぢ》より八條《やをち》に至る、此れ上古の帝都の法なり〔埃《え》の蹟、芸州賀茂郡。広島城を去ること東に五六許里なり〕。奈良・志賀の皇都《みやこ》の蹟《あと》、一條より九條《ここのすぢ》有るは、九重《ここのえ》の式《のり》は西土に習ふものか。

と展開される。ここでまた『新蘆面命』の記事とリンクする。

　ところで、わたしの勤める東海大学は、毎年九月になると学生の故郷を訪問するツアーが企画される。学生の保証人の方々に、大学の活動の報告をするとともに学生の成績説明をする企画で、教職員によって編成された旅団が各地を廻る。二〇一三年の九月にわたしは中国地方西部方面訪問隊に配属され、鳥取・島根・広島・山口各県を訪問する機会を得たのだが、広島から山口への移動時間に思いのほか余裕があったので、埃宮に出かけてみた。広島駅からタクシーで東に二十分くらいだろうか、まさに「広島城を去ること五六里ばかり」の位置にあった。春海のいう「都蹟」がその神社であるかは確証はないが、おそらく同じ宮であろう。ただ、校務のわずかな間隙をついての訪問で、「一條より八條に至る」という意味を実感するには至らなかったのが残念だ。

　それに先立つ同じ二〇一三年の六月には古事記学会の大会が宮崎県のシーガイアのホテルを

埃宮（多祁神社）と境内の神武天皇東征御留蹟霊地碑

皇宮神社と境内の皇軍発祥之地碑（宮崎市）

会場に開催され、宮崎を訪れた。会場のホテルの近くには伊弉諾尊が禊をした蹟《あと》という池があったし、市内には、神武天皇の皇居跡という神社「皇宮神社」があり（宮崎神宮摂社）、その門前には「皇軍発祥の地」と記された碑文があった。どうやらここに東征軍が集結し、出陣したらしい。

伊勢神宮にせよ、出雲大社にせよ、記紀に記された現場がそこにあることに、ある種の感動を覚える。真偽などはどうでもよい。そうだと伝えた先人たちの生きた証とメッセージがそこにあることに、感動するのだ。こういう感動を持たない学者の論文は、つまらない。また、世の中には、そういうものにケチをつけることを学問だと思っている人々もいるのだ。

そこにそれがそうしてあることにどのような意味を与え今に活かし未来に伝えるのかを考えるのが、学者というものである。

宮崎県を訪問して、記紀の旧蹟をいくつか廻ってみた。記紀等の言説空間と現実空間とが結びつけられる機運をどう考えるか。少なくとも単純に現代と古代とが直線的に結びつくとは思えない。だがそこにそういう伝承があることに学問的な問題を見いだすことはできる。

九州の聖蹟については、「甲乙録」に次のような記述があるのが興味深い（九―2）。

小戸は川の名なり。渓流にして海に入る。県城の南に在り。里人猶ほ祓除の処を記し伝ふ。

神代故都の跡は、宮崎郡に在り。是れ師伝なり。師伝は故の県城の主有馬仮宿翁の口伝に出づ。重遠按に、宮崎は県城の南二十里に在り。蓋し故都の跡か。小戸は未だ詳かならず。那珂郡に鵜殿有り。即ち鸕鷀草葺不合尊降誕の岩窟なり。県城の南二十七里に在り。鵜殿は宇止《うと》と訓ず。小戸と訓近し。豈祓除の旧蹟たらんや。亦此の辺に在るか。塩土伝姑師伝に従ふ。当に再び之を日人に訂すべし。筑前名寄に曰く、那珂郡住吉は博多の南六町に在り。日本書紀載する所なり。諾尊、筑紫日向の小戸橘の檍が原に至て祓除し九神を生れます。其の底筒男命・中筒男命・表筒男命、是れ即ち住吉大神是れなり。摂津国住吉は、神功皇后新羅より復りたまひ、神の誨に依て鎮め祭る所なり。此の地即ち出生の地なれば、即ち住吉、当に当社を以て本と為べし。諾冊生みたまふ所の住吉三神、志賀三神、皆古振り筑前に鎮座し神名帳に之を載す。日本紀の私記にも亦曰く、住吉の三神は本筑前の小戸に在り。袖中抄亦同じ。宗砌法師も亦曰く、橘の小戸は筑前国立花是れなりと。今日向国を考ふるに、出生の神鎮座したまふ無く、小戸・橘・檍原の地名無し。筑前国惟れ出生の神鎮座したまふ有るのみならず、復た明らかに橘・青木・小戸の地有り。然れば則ち当に私記・袖中抄・宗砌の三説を以て正とすべし。日本紀、筑前と書せず。書するに日向を以てするは則ち説有りて然り。其の説甚だ長し。故に此れに之を漏らす。損軒の説、甚だ詳

伊弉諾尊の禊の聖地、みそぎ池（宮崎市）

みそぎ池の北方にある住吉神社（宮崎市）

なり。然に神代の旧蹟、日向甚だ多し。日本紀、明らかに日向と書す。予、未だ親しく日・筑に至て質訂することを得ず。甚だ損軒の説を愛珍すと雖も、未だ輙ち之に従はざるのみ〔海瀬図を按ずるに、日向佐土原西南半里許、宮崎を去ること三里余に、住吉社有り。鎮座の古今当に之に詢るべし。必ず日向に住吉無しと言ふべからず。此の地、水流れ海に入る。海に入るは固り亦多し。更に游歴を俟たむ〕。

「県城」というのは延岡城である。先述の皇宮神社の北に景清廟があって景清やその両親、娘人丸姫の墓があるけれども――さらにその北の丘の上に「八紘一宇」の石塔がある――その境内に「此れより北、延岡藩領」と彫られた石碑がある。ここが延岡領と飫肥領との境であった。県城主は慶長十九年から元禄四年まで有馬氏三代が勤め、ここに登場する「仮宿翁」は二代目の有馬康純（慶長十八年 1613～元禄五年 1693）のことである。また最後の方に出てくる「損軒」というのは『養生訓』で著名な本草学者にして儒学者の貝原益軒篤信（寛永七年 1630～正徳四年 1714）のことだ。春海とほぼ同世代で、木下順庵や山﨑闇齋とも親交のあった学者である。

重遠VS損軒

『秦山集』九に「益軒先生に与ふ」と題された正徳四年（一七一四）の書（手紙）が収められている。この中で重遠は「抑先生博学淵識。齢上寿に向ふ。歯徳の崇き、天下比ぶもの無し」と絶賛している。ところが「甲乙録」九の最初は「損軒」

の罵倒から始まる。そもそも九‐1条は、「損軒曰」として『和爾雅』（元禄甲戌年序文）で提案した「筑紫」の語源説の引用（「西海道九箇国」注）から始まる。損軒が「筑紫」とは「築石」で、上世異国の賊がしばしば西国を荒し回るので石垣を築いて防衛したことに由来するという説なのだが、これに重遠は「甚だ佳なり」とした上で反発する。上世にしばしば異国の賊が西国を襲撃した証拠はあるのか、と。中古、防人を置き、また我が国が衰微した文永年中には元の兵がせめてきたかもしれないが「神国の余威」で撃退しているではないか。

損軒、築石の訓を実にせんと欲し、誣て上世異賊屢侵すと言ふ。豈に我が神国を汚蠛せざらんや。且つ日本釈名引く所の仲哀帝の事のごとき、謬妄特に甚し。惟れ之を口に挙げるのみならず、又之を書に筆す。悲しいかな。

という調子である。

益軒という号は晩年のもので、損軒の号を用いていた時期の方が長いわけだが、この損軒、福岡の黒田家に仕えた学者である。この貝原損軒篤信が地元を自ら歩き回り調査して編輯し、元禄六年（癸酉）に京の柳枝軒から出版した地誌が『筑前名寄』である。

筑前名寄、住吉の説非也。予、諸を有馬仮宿翁に聞くこと熟す。

というのは春海である（「甲乙録」五‐55）。重遠もそれを受けて損軒の説を一歩引いて受けとめたものなのだろう。『神代初問』（元禄九丙子年春往来）の当該条――神代巻四神出生章一書第一の「筑紫日向小戸橘檍原」――での問答が、

〔重遠〕小戸も所の名称、橘のアハキが原も所の名と被存候。今此所知れて居申候哉。

〔春海〕日向国県《あがた》城南、故有馬左衛門佐領殿、今は三浦殿領地、其元より一渡候にて候也。橘の檍原とて野在。古内裏も宮殿と申て跡在。小戸は川也山川也。十社明神御座候。于今神キドクあり。

次の『神代再問』（元禄十丁丑年夏往来）の当該条が、

〔重遠〕此段前示の通相心得申候。就中中瀬等の御示感心仕候。出雲路初て中瀬に深旨有之候由被申と承申候。（略）

〔春海〕日向国にては、此所南方の由。海の入江にて、上は事外、山之川にて早く、尤も下は大海也。此入江は少し高くなれば、潮も不来到てひややかにして清く、片淵のぬるきやり、水の体の由、所の者承候。故有馬左衛門殿は後には仮宿と申候。能く承候事。（略）

となっている。春海は、有馬殿から聞いた伝承を是とし、損軒は自分の足で歩いて考察した結論を呈示している。重遠は「甲乙録」にあって両者の間、師説に傾いているが損軒の説を理解

し判断は留保している。留保の理由として、日本書紀の記述を挙げる。本文に「日向」とあえて書かれる意味である。この問題は現代に至るまで解決されていない。

『瓊矛拾遺』は神武東遷から橿原宮即位の話に移り、

天皇《すべらき》、橿原宮《かしはらのみや》に即帝位《あまつひつぎしろしめ》す。底磐根《そこついはね》に太立宮柱《みやはしらふとしきた》て、高天原《たかまがはら》に峻峙搏風《ちぎたかしり》て、かく今に伊勢内外宮殿《うちとのみあらか》の制法《つくれるのり》なり。

と、宮殿建築の話にむかい、紫宸殿についての記述になる。『新蘆面命』は、後光明院のときの炎上崩壊した紫宸殿を後西院時代に再建した時に桧皮葺を瓦葺に改めたが、再び炎上。桧皮葺に戻したという話などになる。

○紫殿《ムラサキドノ》と申は、紫は黒と白との入合候色也。黒白を別つと申事にて、紫殿と申候。それがいつの間にやら紫宸殿とからの号に成申候。

「紫殿」の説明などは、「白黒」を分かつ意味を表すのになぜ「白と黒の入り合」う「紫」――「紫は灰さすものぞ」と万葉集にはあるが――の語を用いるのか理解できないし、説の当否の詮議は必要ないだろう。この記事の中で注目すべきは「いつの間にやら紫宸殿とからの号に成」ったという結びだ。現在の語をあえて上古からのものと説こうとし立論してゆく春海の姿勢がここにもうかがえるからだ。

その後、関ヶ原の戦の話題になって、この日の講読は終わる。

翌二十二日は大雨であった。先に霞ヶ関におもむき、黒岩茲庵（慈庵。寛永四年 1627〜宝永二年 1705。闇齋の弟子で土佐山内氏に仕えた後、筑前黒田氏に仕える）父子の知遇を得る。このとき貝原好古の死を知らされる。好古は損軒（益軒）の甥で養子となり『和爾雅』『和事始』等、叔父の編著のアシスタントを勤めた人物だ。

その後、駿河台に参り『瓊矛拾遺』上巻の講読を終え、中巻に進む。中巻も二十三日、二十五日と三日間で読み終え、下巻に進む。そこで展開される様子は上巻を読むときと変わらない。下巻も三日かけて二十九日に読み終えた。その間、二十七日は休講となっている。

六、江戸の休日

上野のお山に物見遊山

谷重遠『新蘆面命』は、春海先生所用で駿河台にうかがえず暇なときに江戸見物に出かけた記事も残している。

八日に初めて春海先生に面会した翌日は、江戸城内で能があって春海先生は登城したらしく、重遠は菊田宗甫という人物と「大成殿之焼跡」を見てから神田明神、湯島天神に回っている。「大成殿」とは東京のＪＲ中央線の御茶ノ水駅のホームから、神田川――江戸城外堀――を隔てて今も見える湯島聖堂の中心となる建物のことで、前年の地震で焼失していた。

佐むこと莫れ吟笻日に休まざることを　老来て始めて訪ふ武江の幽
神田に酒を酌みて同好有り　上野に花を看て此の遊無し
（『秦山集』五「上野」前半）

湯島で一杯きこしめした後、上野に向かうとちょうど花盛りであった。

上野では、

東叡山・吉祥閣・寛永寺・瑠璃殿等之額拝見、現龍院へ参。本了坊出合、料理等出、ゆるゆる見物。

とある。現在の上野公園だが、ここは不忍池を琵琶湖に見立て、上野の山を比叡山に見立てて江戸の鬼門の鎮めとしたところだ。今でも観音堂が清水寺の舞台を模倣して建っているが――

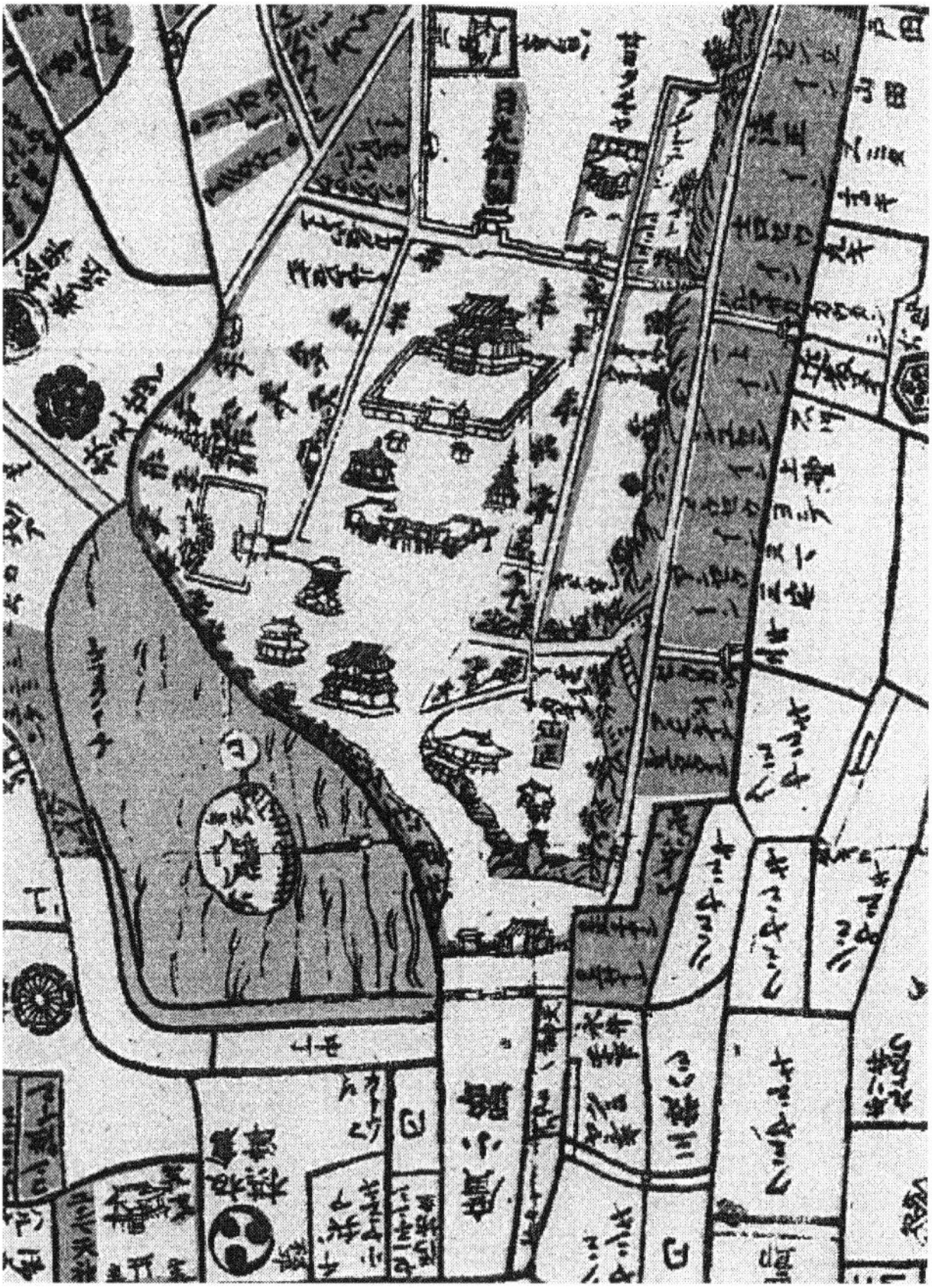

明和頃（春海の頃より約百年後）の上野付近
不忍池の池端に描かれた二層の建物が文殊楼（吉祥閣）。その上、回廊のある建物が根本中堂（琉璃殿）。左下の鳥居が「ユシマ天神」。

東京上野の現龍院墓地には家光将軍に殉死した臣下の墓が現在にまで残っている。忠心に敏感な重遠のことだから、現龍院を訪れた時には、深い関心を持つと思うのだが、『新蘆面命』では触れられていない。

寛永八年建立だからこの堂は重遠も目にしただろう——もっと多くの堂宇が立ち並んでいた。

上野広小路から現在の上野公園に上る通路が参道にあたる。享保十七年刊の『江戸砂子』の絵図によれば、参道を上ると大きな建物が建っている。今、パゴダがある前あたりの位置だ。それが文珠楼と呼ばれた楼門で「吉祥閣」と書かれた額が懸けられていた。「大明院公弁法親王宸翰」（『江戸砂子』）である。公弁法親王は当時の輪王寺宮で、寛永寺の法主も勤めていた。書に対する評価も高い。その法主の書による額が懸けられていたのである。

吉祥閣の後ろには法華堂と常行堂の二つの堂を廊下橋で渡した特異な景観の建物群があった。この廊下をくぐると右に雲水塔と呼ばれた多宝塔（「三重塔也」というが後の絵図や錦絵では多宝塔に描かれている）が建ち、左には輪蔵があり、正面には柵で囲まれたエリアがあって、それが根本中堂への入り口である。そこから両脇に広がるのがおそらく「回廊」で、そこの門には「寛永寺」と書かれた額が懸けられていたらしい。これは「後水尾院勅筆」。

回廊の中、「高十八間、長二十五間、横十八間」という巨大木造建築物、根本中堂が建っていたのは、現在の東京国立博物館の前の広場、かつて大きな噴水のある池のあったあたり。他の堂宇《どうう》が寛永年間に建てられたのに対し、この根本中堂と先の文殊堂が落慶したのは元禄十一年。つまり重遠の訪れる六年前にすぎない。ここには「瑠璃殿」と書かれた「元禄乃太上天皇勅筆」つまり霊元院による額が懸けられていた。重遠はこれらの「額」を見てまわっているが、それらはみな皇族によって書かれたものであった。

楼閣厳に禁ず先廟の鑰　綺羅争ひ探る大師の鬮
儼然たり勅額瑠璃殿　輪奐儔を絶つ六六州
（『秦山集』五「上野」後半）

重遠の記述が堂宇の建築より額に視点がむけられているところからは、額というものが一種の展示パネルなのだということに気づかされる。今われわれが博物館等で天皇の書かれた軸などを見る感覚なのだ。そして重遠がそれらの額に書かれた書を通して、書いた者とのつながりを感じていたのであろうことも想像がつく。だから「額拝見」と記すのである。

根本中堂の裏手は庫裏で（現在の東京国立博物館敷地）、その右脇から階段をおりると子院の一つ「現龍院」（現在は博物館の東隣に移っている）がある。どうやらここで本了坊という人物と出会い、食事をして、見物して回ったらしい。

上野で食事をした後には浅草に向かう。

浅　草

浅草の観音霊跡伝ふ　花を看て幾処か香韉を繋ぐ
知らず堂後に何事か有る　百万の鳥居稲荷の前

重遠くん初の江戸見物であった。

火事と喧嘩は江戸の花とは誰がいつごろ言い出したのかはしらないが、明暦の大火を経験し、元禄の大地震も経験している江戸市民にとって火事はすぐ近くにあったものだろうか。翌日十日に駿河台に出向こうとしたら火事ということで、「余程つよく見へ候故」日中は差し控えて夕飯後に駿河台に出かけている（松平右京邸に赴いたのはこの夜のことだ）。このとき燃えたのは本郷二丁目で二町四方ほど焼けたと記録している。

赤穂事件と谷重遠　十五日。春海先生は田村右京殿のもとに和琴の会だとかで出かけている。おそらく赤穂事件物に登場するあの田村右京大夫のことだろう。浅野内匠頭はこの人の屋敷——現在の新橋四丁目交差点付近——で切腹となった。

都翁門許可の人は、田村右京大夫殿。米津内蔵助殿也。菅信円は土御門殿より之を許可せり。

という記録がある（「甲乙録」六-66）。

十二月十四日の晩、田村氏に絲竹の遊あり。平調・萬歳楽・夜半楽・還城楽・黄鐘調・海青楽・拾翠楽・盤渉調・蘇合急輪台・青海波・千秋楽・壹越調・胡飲酒・酒胡子・武徳楽・平調・五常楽・三台急・太平楽・残楽・三返・抜頭・残楽・三返・越天楽。和琴田村右京

大夫。箏田村下総守。箏笛を兼ぬ山井主膳正。笙澁川春海。篳篥東儀縫殿助。予音楽を好む人と同じこと此の如くにして、瓊矛拾遺、其の用ふべからざるを論ずるは、道に私すべからざればなり〔以上、甲申聞く所なり〕。

これも「甲乙録」の記事（八-49）だが、重遠の註に拠ると、この話を春海がしたのは元禄十七年で、「甲乙録」八が『新蘆面命』のリライトが中心となっているところからすれば、『瓊矛拾遺』について語ってもいるから――『瓊矛拾遺』下巻最後の方は音楽・芸能についての記述である――面命のときの話題だろう。だからここの「十二月十四日」は元禄十六年以前のこととなるが、十六年十二月は震災直後である。日付でわざわざ記されていることから見ても、元禄十五年十二月十四日のこととしか思えない。そう。吉良邸で茶会が行われ羽倉斎（荷田春満）も参席した日。その深更、赤穂浪士が討ち入ったあの日付だ。

さて、三月十五日は春海先生和琴の会に出かけられて休講となった。重遠が山内家江戸屋敷の（たぶん）長屋にいると三宅儀左衛門という人物が訪ねてきた。兄は牢人しており、弟がいてまだ三歳だとか。この人物が語るには十一日に中堂より大きく煙が吹き出し天にむかって渦を巻いた。火事かとおおさわぎになって日門様を退避させたが、よく見れば蚊で、掃除をして塩水で洗ったら、こんどは浅草の塔からも煙のようなものがわき起こった。これもまた蚊であった。その日の夜に日門様のいた下神田平長町の三間×十間ほどの土蔵が原因不明の倒壊をし、十三人の死者がでたのだとか。「中堂」とは数日前重遠が見物した上野の根本中堂で、浅草の塔も見物しているはずだから、ああ、あそこのことかと興味深くその話を聞いたものだろう。

そんな世間話のあと、時間をもてあましたのか、愛宕の青松寺、神明の増上寺、芝邸、さらに泉岳寺や西海寺、東禅寺——「海上禅林」という額がかかっていたそうだ——など江戸の南方東海道沿いを見物に出かけ日暮れに帰っている。

泉岳寺

忠骨満山泉岳寺　　千年の知罪陽秋に付す

誰知る三尺匣中の剣　　夜夜凛然として斗牛を射ることを

まだ、事件の余韻冷めやらぬ時期である。すでに前年、山村座で舞台化されていたとはいえ、まだ近松門左衛門『碁盤太平記』すらできていない（初演は宝暦三年、大坂の竹本座）。赤穂事件の当事者たちが「義士」として物語化されてゆくのはこれからだ。しかしこの重遠の詩には、すでにその萌芽がある。

二十四日に出かけたのは逆方向の護国寺、川越街道方面である。天気もよく、日根野弥次兵衛、高橋小三郎、広瀬幸右衛門という人たちと一緒だ。手引きもあって、じっくり見物。北に大塚を見、目白にも参り牛込辺りは田もあり屋敷もあり、「広き事、限り無し」と感嘆している。高知の山田野も広いところだが、このあたりは関東平野のまんなかだから、その眺望は相当広く感じられたに違いない。

音羽町で「なら茶」などを食べていたら、本材木町のきだ屋弥右衛門の接待を受け、今様などを楽しんで帰ったとある。

吉川惟足について語ること

東に出かけたのは二十七日のことである。まだ両国橋も掛け直される前で（地震で倒壊したのだろう）、回向院に参拝して亀戸天神に向かう。藤の花の時期で人出も多かったらしい。

天満宮について、「そり橋二つ、楼門、神楽所、回廊、信円の居宅みなおぼただしき作事なり」と書き留めている。信円というのは田村右京大夫とともに「都翁門許可の人」に加えられた一人——おそらく土御門泰福卿からの預かり弟子ということだろう——である菅信円、またの名は大鳥居信円といい、天満宮の第二代別当を勤める人物だ。信円の父、大鳥居信祐が諸国勧進して亀戸天神を創祀して、寛文年間に社殿等がたてられるや江戸郊外の遊楽地となった。「おぼただしき作事なり」という感慨はそこからきているのだろう。

そこから吉川源十郎の屋敷を訪問して神明宮を拝む。そこも藤の花盛りであった。この屋敷は千坪もあったそうだ。そこで重遠は闇齋先生（垂加霊社）が神道を学んだ一人でもある吉川惟足――源十郎の父――の墓にお参りする。彼が目にしたのは惟足（吾視霊社）とその娘操姫霊社、聟の尚彦霊社、弟子や仲間たちの霊社七、八ばかりどれも墓の上に社を建てて霊社号の札のある光景である。北には友松氏奥祠という石塔があり、その他にも墓らしい物がある。重遠は以上を淡々と綴り「穢らはしき事也」と一言にまとめる。

なぜ「穢らはし」いのか。

『甲乙録』（一―31）に次の一節がある。

垂加葬法を吾視に受く。然るに未だ備らざるか。土津（保科侯）の葬儒法を用ふ。垂加の葬亦儒・仏を習合す。恨むべきこと萬々なり。予（自分＝春海）、年来諸陵を見る。如し見ざるは則其の国主・領主に問ひ、詳らかに之を聞く。畝傍山の四陵及び仲哀・神功・応神・仁徳の陵、皆二教無き以前にして、法式悉く備はる。其の間最著しく且つ近くして見易きは、山科の陵なり。然るに学者之を見ること無く、事に臨みて古式を用ふることを知らず。一切の制に循ふ。且つは古式行はれ易く、俗を駭さず。何を苦しんで為ざるや。道の講ぜざるも歎ずべし。

死者の祭り方の本来的なあり方についての問題なのだ。だが重遠は詠じる。

視吾ノ社

仰止年来視吾の神　　参拝して今日感慷新たなり
滔々たる涇渭誰有りて弁ぜん　　近世妨げず一偉人

吉川惟足についても「甲乙録」（七―83）に記述がある。

抑そも、惟足一家を興すといへども、神海の遺託を廃し、奥秘の伝を返さず。罪無きと謂ふべからず。且つ拝領の宅地に私に神明宮を建ち、又墓塚を築き、社を其の上に建て、俗人無知の輩に許すに社号を以てし、神慮に背くこと一にして足らず。当今家を立てる基本、不分不明、事を幕府に言上すといへども、符又問ふて吉田に経。吉田毎に一口に抹却して、其の事一も行はれず。気象索爾として家を成さず。息源十郎五十歳を踰ゆといへども、猶ほ嗣続無し。此れ蓋し惟足高才有りといへども真実の敬しみ無く、本心に違ふこと多きが致す所なり。

吉川惟足伝の最後の一節である。『新蘆面命』に和文ヴァージョンがあり、文中に「会将遂に惟足を招き神代巻を講談す。予参の人井上河守・重元・中根平十郎（此の人、始終信仰衰へず。卒して惟足宅地に葬る）、及び都翁也。」とあるところからすれば、この惟足伝も面命時に春海（都翁）が語ったものであろう。

吉川惟足は、堺の商家の出であったが、江戸に出て学問に励み、若くして鎌倉に隠居する。そして神道の重要性に気付き、京に上って萩原兼従《かねより》に師事した。萩原兼従は吉田神道家直系の俊秀で、卜部家の学問を受け継いでいた。母方の祖父は細川幽斎。右の引用文の始めに「神海」とあるのはこの兼従のことだ。豊国神社の神主として独立したが、豊臣家断絶豊国神社破却に伴い職を失う。その後、本家吉田神道家の後見としてあり、また吉川惟足の才を見抜いて学問を託したのだが、ここでトラブルが生じる。

「学問」というのはその家伝来のもので、家に受け継がれるものであった。しかし家の当主が、例えば幼かったりして、まだ学問を受け継ぐまでに至ってないときは、弟子がその学問を「預かる」ことがあった。預かった弟子は当主が育ったら学問を返さなくてはならない。だから預かった学問を他に漏らしてはならないし、変更を加えてもいけない。それがマナーであった。

惟足はそれを破ったのである。

ただ、惟足の側からすれば、吉田家の学問の古いところや納得できないところを改めて、より時代に即したものにしたのだということになろう。会津中将（右の引用文中の「会将」）保科正之侯に見いだされ、幕府神道方に任ぜられるほどの学者であった。

惟足の学問には勇み足もあったのかもしれない。重遠が、詩では感激し「一偉人」と称えるのは学問の先達としての側面であり、春海が批判するのはそれゆえに惟足がしてきたことの側面なのである。功罪の極端な人物といえばいいだろうか。

視吾の墓に詣でた重遠、帰りには隅田川を見物している。

> 道茫々たる郊原平沢、四方に小阜もなし、角田川辺又貴賤羣集、白髪の社前にて藤一郎〔六歳〕おみよ〔十二三歳、〕両人かふき舞、大船の中に而有レ之、驚レ目見物也、木母寺梅若墓見物し、後より船に而江戸橋まで参、船中両岸の第宅其外三谷往来の船々も見物し帰なり、

江戸時代の遊興といえば歌舞伎が想起されるが、歌舞伎史の中ではこのころはそのまま「元禄歌舞伎」と呼んでカテゴライズされる。代表的な役者は荒事の創始者、初代市川團十郎だ。重遠が江戸にきた元禄十七年は地震騒動の後遺症もさることながら、初代團十郎が山村座の舞台上で生島半六に刺殺された翌年でもある。こうしてみると赤穂事件（テロ）、團十郎刺殺事件（芸能界のトラブル）、大地震（自然災害）と、江戸は大騒ぎである。新蘆面命の年、元禄十七年、宝永と改元される。世の中の安定と復興を願った改元だ。

重遠の江戸見物の記述からは、注意深く見ると震災の爪痕があるものの、復興の中にあって、

日々の生活を続ける人々の姿が感じられる。普通に営業される茶店、参拝者を集める寺社。屋敷邸宅を行き来する人々。火事騒ぎ。そしてなにより楽しげに開かれる学問の筵。

人々は、たくましい。

七、江戸を離れて

山内文庫の『新蘆面命』

土佐山内家宝物資料館が所蔵する谷重遠の蔵書印の押された『新蘆面命』は上下二冊で、しかも下巻はその八十パーセントを白紙が占める。

土佐山内家宝物資料館の目録によれば、この『新蘆面命』は写本なのだが――たしかに体裁の端正さからみれば草稿本ではなさそうにみえるが――おそらくは重遠自筆の本だろう。というのは、上下とも裏表紙の見返しに「丁亥十月廿三日甲乙ニ入」と小さくメモ書きがあるからで、おそらくこれは重遠の直筆だ。この墨の色と筆の運びは、明らかに重遠の書いたものと判断される『神代初問』や『古事問批』などの日付の書き入れと同じ大きさ、字形なのである。「丁亥年」は宝永四年（一七〇七）、富士山の噴火した年にあたる。「甲乙」とは『甲乙録』以外に考えられない。『甲乙録』の巻七から巻八半ばまでの記述はほぼ『新蘆面命』と重なっていて、巻八最後の記事には「丁亥」との注記がある。

〇卯月二日。先生へ被召寄、御料理被下。御手前にて御茶被下、色々御引出物被成、御いとま申罷帰候。翌三日江戸を發足つ。是より左は可書付義失念いたし、其内思出候分少なれ共書付申候。

これが、白紙部分になる直前の記事――江戸を発った記事――で、後に二つほど記事があるだけだ。例えば無窮會圖書館の神習文庫蔵本の『新蘆面命』や国立公文書館の紅葉山文庫蔵本では白紙部分は綴じられていないばかりか一冊となっている。

つまり、この白紙部分の存在は、重遠が後々書き加えることを想定して綴じたものと判断でき、したがって山内文庫本『新蘆面命』は重遠自身が手にしていた本だと推定され、であるから自筆本と考えてよいと思われる。

新蘆亭に別れを告げて

さて、二日。江戸を離れる準備をしている重遠に新蘆亭からお呼びがかかった。挨拶にうかがうとお料理でもてなされ、春海先生自らのお点前によるお茶を下さり、お土産までいただいた。

江戸を離れた重遠の旅は、重遠の自伝的年譜「谷氏族譜」に道筋が明らかだし、往きと同様、旅の途次のそこここで漢詩が詠まれたので具体的に足取りを確認することができる。四月三日に江戸を離れ、金沢・鎌倉（神奈川県）と見物し江ノ島に宿泊。そのまま箱根を越えて東海道を上り、再度富士山を仰ぐ。そういえば、『新蘆面命』に富士山の話題があった。

（十九日）　○富士を見申候時、よく象限尺にうつり申候。一町に付弐寸かうばいにても可有也。然共是より富士迄の里、數しれ不申候故、何とも難申候。こゝに秘傳有。両國橋にて磁石をふり正西を見〔三尺の器にて〕富士は少南に有之故それ迄の口の開きを見置。さて一里小川をつけ龜井戸迄参候て、又右の器にて見申候時、前の開《アキ》より三分せばく成申候。こゝにて里数三分を一里と見つもり申候時、弐十里余と見へたり。如此里数を見て高さ二十三四町と知る也。是一里の板にて見る心也。世上のごとく三分一の開きを用候へは、七里ひらかねばならぬ也。左様之事成物歟。

数学の話である。両国橋で真西に基軸をとり、富士山までの角度を計る。次に一里移動し、同様の計測をすると三分ほど角度が狭くなる。計測地の移動と視角の位相から富士山の高さを計る計算式についての話題と見える。

このときの話を重遠は思い起こしただろうか。

重遠は春海の兵学の弟子でもあった。この計測の話は、実は兵学である。富士山を計っ

富士山（富士市より望む）

ているが、この数式は敵陣を計測する技術としての実用性も持っている。

伊勢での神代紀講義

さて、重遠は名古屋で熱田社に参拝してから長島・桑名・松阪を経て伊勢の神宮に寄る。伊勢では神御衣祭を見学する機会を得た。そして荒木田（中川）経晃邸に寄宿し「神道を講問」したと重遠は書き残している（「谷氏族譜」）。

予、神道を澁川先生及び荒木田経晃神主に学ぶ。

というのは『甲乙録』の冒頭だが（一-0）、この時の伊勢での講問もまた重遠にとって重要なものであった。

重遠問ふ。経晃神主、頃日書を寄せて言ふこと有り。聞くならく足下再参宮せんと。然らば則ち私宅に神代の巻を講談せよ、吾及び賤息等之を預かり聞かん。千万の望なり。重遠私念す、経晃神主は、当代神道の南針なり。渠に対して講談する、如し諸家の秘を吐露せず、徒に文に従ひて義を説かば、則ち豈に神主僕に望む所以ならんや。然るに或いは奥秘を竭尽せば、又漏洩の害無きに非ず。之を如何とす。答書に曰く、此の挙幸甚珍重たり。垂加の翁嘗て病む。卜部の説を以て伊勢に挙示すれば、伊勢艴然たり。伊勢の説を以て卜部に挙止めすれば、卜部も亦艴然たり。神道の分裂、此れを以てなり。今子諸家の秘を聞きて、神主子の学を扣えんとす。意ふに此れより神道一に帰せんか。噫是れ大神の慮や、忽諸すべからず。然るに卜部伊勢、敵讎尚し。卜部家伊勢に対して説くべき誓有るに至る。子此の誓戒無し。諸家の説、逐一に神主に開倒して如何と看よ。如し其の伝来の由る所を詰めらば、則ち只宜しく土御門の説にして之を予に受くと言ふべし。子亦予じめ泰福卿に密啓して可なり。数千載の勅伝、之を伊勢に流布す。豈善からざらんや、豈善からざらんや。

『甲乙録』八の最後の章段で、重遠のお尋ねに春海が回答した内容だ。

重遠のもとに荒木田経晃から、伊勢に来たならば、私の家で、神代巻の講義をしてみなさいと言ってきました。もし文意を取るだけで諸家の伝を披露しなければ、神主がわたくしを招聘する意味はないでしょう。だが、諸家の秘伝を説き尽くせば、それは秘伝を漏洩することにならないでしょうか、と重遠は春海に相談する。これに春海は書をもって回答する。

これはとてもすばらしいことです。かつて垂加翁（山﨑闇齋）は、卜部の説を伊勢に言えば伊勢が怒る。伊勢の説を卜部にいえば卜部も怒る。神道の分裂はこんなものだと頭を抱えておられました。だが、いまあなたは諸家の秘伝を学び、神主はあなたの学を知りたいという。これで神道も一つになるのではないか。卜部家には伊勢に対して説を説いてはいけないという掟がありますが、あなたにはそんな掟はありません。諸家の説を逐一神主に披露してうかがってきなさい。もしその説の伝来を問いつめられたら土御門の説だとしてわたしから伝授されたのだと答えればよい。あなたもあらかじめ泰福卿に申し上げておくとよい。勅伝が伊勢に流布されるのです。どうしてよくないことがありましょうや。どうして、よくないことがありましょうや！

重遠はすでに元禄十四年の段階で荒木田神主と連絡がとれている。重遠の弟子、竹内常成と市原辰中――春海の『瓊矛拾遺』（山内文庫本）を書写した人物――と二人だって伊勢に参宮した際に二人に手紙を託しているのだ（『甲乙録』九‐24）。右で重遠が春海先生に「頃日、書を寄せて言ふこと有り」と報告しているのは、そうした交流が前提にあってのことだ。

ここに「土御門の説としてわたしから伝授された」とあるが、春海は重遠にこう語っている（『甲乙録』六‐44）。

泰福卿、都翁に謂ひて曰く、神道の流派、今より宜しく安家の神道と号し、垂加・経晃の示す所を羽翼とすべし。吉田・白川・藤波・土御門、此の四家は主上著御の御祭服を下し賜ふ。故に神家と号す。他家預かること能はず。信円も亦与かり聞く。

最後に「信円も亦与かり聞く」とわざわざ記すのは泰福卿から春海（都翁）への発言の証人として名が挙げられているものと考えられる。「信円」は重遠が亀戸八幡宮に出かけたときにその居宅を見物していた、あの大鳥居信円のことである。

春海は弟子の学問的交流の広さに機嫌をそこねることはない。むしろ奨励した上で、何らかの問題がおきたときは自分の責任にしてもよいといっている。この態度は闇斎の教えでもあっただろう。闇斎は春海に、学徒が他人の説に耳を傾けることをしないのを嘆き、きみはそんなことがないようにと語ったという（『甲乙録』一-2）。

伊勢にいたのは四日間。経晃の説もまた『甲乙録』に記録されている。重遠にとって春海に次ぐ師であった。

さて経晃邸を発ち、十五日に宮川を渡り伊賀に向かう。『秦山集』に、このときの面白いエピソードが記録されている。

四月十五夜、内外宮大に雷雨し、徹宵止まず。翌朝晴る。予神宮を辞し、宮河を渡て小幡以北路泥濘無し。予怪みて駅亭に問ふ。皆初めより雷雨を知らず、後に聞かく、十四日薄暮、江戸小石川の人宮河に祓除し、乍ち溺死す。昨夜の雷雨、蓋し此の穢を濯ふと。感有りて賦す。

小幡以北幾んぞ郵程あらん　昨夜の雷霆夢は驚かず
醜物秋津可く呑み去りて　生を好める神徳垓紘に遍し。

四月十五日の夜は内宮外宮のあたりは雷をともなう豪雨だった。翌朝晴れ、神宮を出た重遠は宮川を渡ると雨の振った形跡がないので不思議に思った。後に、十四日の夕方、宮川で禊祓をした者が溺死した事件を聞く。きっとあの雷雨はその穢れを濯ぐ神威であったのだろう、と感激した重遠なのである。

春海先生のおつかい

旅は伊賀から奈良に進んだ。元禄四年に姿を現わした東大寺大仏殿（宝永六年に落慶した現在の大仏殿である）や春日飛火野あたり、猿沢池と采女社、興福寺南円堂、元興寺などを見物し、西ノ京、斑鳩、飛鳥、多武峰、吉野と回ったことが、それぞれの地で詠んだ漢詩が残されているのでわかる。吉野からは堺、住吉から大坂（大阪）に出、尼崎から有馬温泉に着いたのはもう四月も終わりの頃だ。

有馬の湯――林羅山が日本三名湯の一つとしている――で二泊三日した重遠は、今度は京都にむかう。向日明神や東寺、蓮華王院（三十三間堂）の通し矢、賀茂競馬などを見物するのだが、京に回った目的の一つには、浅見先生への挨拶があっただろう。重遠の学問は、延宝七年に上京し浅見絅斎の門を叩いたところから本格的に始まったと言ってもいい。そして浅見先生を通じて闇齋の弟子になり、春海と出会ったのである。

現在「京の台所」とも呼ばれている「錦市場」、四条通りの一本北の道、東の寺町通から西の高倉通にかけての錦小路は、アーケードになった狭い路に青果、鮮魚、乾物、総菜、様々な商店が品物を並べ、市場らしい雰囲気を出している。元和元年（一六一五）に魚市場が開かれて以来の賑やかな通りで、浅見絅斎の学塾錦陌講堂は錦市場の西、高倉通と烏丸通の間にあって、現在「浅見絅斎邸址」の石碑が立っている。重遠の宿泊先は定かでないが、江戸で山内家江戸屋敷に寄宿していたと考えられるところから類推して、十二泊した京都でも山内家の京屋敷に寄宿しただろう。現在、木屋町の高瀬川沿いに「土佐藩邸址」の石碑が立っているが、そこだとしたら、ちょうど錦市場を挟んだ東と西に位置することになる。

浅見先生に出かけた数日後、重遠は黒谷に闇斎の墓参りに出かけている。

　黒谷、垂加先生の墓を拝す

書を著して先づ入る孔朱の関　　道を伝へて晩に従ふト忌の班

彷彿たる音容昨日の如し　　　　千年玉を埋む紫雲山

先生方にご挨拶を済ませると、重遠は藤波殿――現在の京都御苑、石薬師門の脇、今出川公園のあたりにあった――に度会延経神主を訪ねる。「対馬ト部亀卜之法ヲ問フ」と『谷氏族譜』に記録されている。「問フ」とあるが「討論」である。実は春海先生からの頼まれごとがあったらしい。『甲乙録』は一から八までの春海の学問を記録した後に、九から十二まで重遠の私考や諸先学から聞いた事を雑記しているが、その中に次の様にある（九-23）。

浅見絅斎邸跡（京都市錦小路）

山﨑闇斎墓（京都市黒谷金戒光明寺）

対馬亀卜伝、彼の国亀卜の事を載すること甚だ詳かなり。奇特珍重の書なり。宝永甲申の春、澁川先生、之を面附す。其の書標に題して曰く、元禄六年十月廿五日、度会の延経録し贈る。其の後兆竹亀甲等送らるる。澁川先生時に延経誰たるかを知らず。重遠乃ち具に之を告げ、帰途之を懐にし山田に詣り延経神主を訪ふ。時に神主京に在り。重遠亦上京し、藤波殿に詣り。神主に謁し、彼の一冊を出して、之を問ふ。

春海のもとに届いた一冊の書「対馬亀卜伝」。送り主は度会延経。春海は心当たりがなかった。そこで重遠が説明し――得意気だ――、一冊を持って伊勢に赴いた折に、外宮を訪ねたところ、京の藤波殿にいるとのことで、京に出向いた、という。先生のお使いのような、これが今回の上京の最大の目的だった。

この章段（九‐23）は、右のあとに続けて、問題の一冊についての話があり、末尾に重遠は「延経語此に止む」と注記している。後の章段（九‐12）が「経晃曰」で始まり、二十九段後に「経晃語此に止む」とあるところからすれば、前に「度会の神主延経曰」で始まる章段（九‐10）からここ（九‐23）までが延経の言説の記録と判断していいだろう。第十段（九‐10）には「元禄乙亥以来。延経神主を請益す」と注記されている。「乙亥」は元禄八年。春海から重遠へ『貞享暦』が送られた年だ。そのつきあいが、春海先生のお役にたったのだ。

延経を訪問したあと、重遠は土御門泰福卿にも挨拶し――経晃神主との一件の報告だろうか？――大阪から海路で土佐に帰国し自宅に戻ったのは六月一日。二ヶ月強に及ぶ東遊は、一ヶ月間の渋川春海のもとでの講義、四日間の荒木田経晃のもとでの演習、一日ではあったが度会延経とのディスカッションなどの学問を中心とし、その他、現在でも観光地として知られる数々の名所旧跡への訪問も実地踏査研究というべき重厚な研修旅行であった。

その成果の一つは、翌年式内社の研究として著され、国守の命で奏上される。さらに国守からの命をうけて再び上京、吉田（卜部）兼敬卿の校訂を受け、跋文をもらう。そうして著されたのが『土佐国式内社考』である。

絅斎・春海・経晃たちから受け継いだ重遠の学問が熟そうとしていた。

　　甲申除夜

　学びて神道天文の妙を聞き　　遊びて嵯峨芳野の花を看る
　君寵斯《かく》のごとき人の少なる所　　今宵偏に覚《おも》ふ年華を惜しむことを

東遊面命の年の暮、重遠はこう詠んで行く年を惜しんだ。

結、瓊矛の行方

教壇に立って、学生たちを見る。幸い東海大学の学生たちは素直で無邪気なので、講義する内容を興味深く聞いていてくれている。古事記を語り、万葉集を読み、あるいはアニメやマンガについて分析した話を、楽しそうに受けとめてくれる。イベントを指導する中で、注意すべき点を示し、これまで私たちの国が伝えてきたことに違うときは糺し、時には叱り、そして彼ら彼女らの多くはより豊かに育って旅だってゆく。

そんな学生たちをながめつつわたしは何をしているのだろうかとも自らに問う。わたしたちの業界――高等教育機関――において「人材育成」という呼び声がある。だが、そもそも「人材」とは何をさすのか。少なくともわたしの教室に限って言えば、それは経済人のための道具ではない。「教育再生」という文字を報道にみる。その「教育」とは何であるのか。少なくとも技術指導ではない。

簡単な話だ。

わたしたちの国が、太古から大切だとして伝えてきたものを次代へ伝えること。それが「教育」でありその成果が「人材」だ。

「太古から大切だとして伝えられてきたもの」――その過去から未来へ続く流れを「道」という。「道」の枕詞は「たまほこの」である。枕詞は古くから固定された、ある特定のことばを導く冠のようなことばだ。だから「たまほこ」は「道」と同義である。

重遠が春海に対面して直接教えをうけたのは『貞享暦』と『瓊矛拾遺』であった。『瓊矛拾遺』という書名に、春海は「たまほこののこれるをひろふ」と訓を付けている。「道」の遺してきたもの。わたしたちが太古から大切にしてきて今に伝わるものにほかならない。だからこの書は、人生儀礼や祭祀の姿を古い記録と今に伝わる風習から浮かび上がらせようとしている。例えば、婚礼や葬儀、埋葬、神宮の御遷宮についての記述もあった。もちろんそこには伝わるうちに変わってしまったものへの批判もある。それでも、それらを含めて、大切なものを伝えようとしている。

春海は、『瓊矛拾遺』を著すにあたって、まず重遠を念頭においていたのだと思う。遺された書簡に、執筆の様子をしばしば伝えているものがあったし、読みたければ草稿を送ってもいいとまで言っていた。いきなり書簡を送って入門しようとしてきた弟子。熱心に届く質問状。心の動かないはずはない。春海は同門に対する辛辣な批判を遺している。それを記録しているのは重遠の「甲乙録」である。心許した師弟であったことが推し量れる。読んでくれる者がいると信じられることは、うけとめてくれることを期待できるのは、物書きにとってこの上ない喜びである。

もちろん春海には血を分けた若い後継者もいた。渋川圖書頭昔尹《ひさただ》。わずか十三歳のときに『貞享暦』を写させた自慢の息子。重遠とも書を交わし学問を討論した春海学の継承者。

春海は幸せだったにちがいない。

重遠が土佐に帰って三年後、宝永四年（一七〇七）に南海トラフでおきた地震が土佐を襲い――高知で数メートルの津波が十回余襲ったという――その四十九日後に富士山が噴火した。

重遠は次のように記している（『秦山集』七「丁亥歳除」註）。

十一月廿三日巳時、武江鳴動す。大に灰沙雨《ふ》り、積もること二三寸《にさんずん》日中夜の如し。燭《しょく》を燎《とも》して物を弁ふ。路人提灯を齎《も》ちて行く。廿八日に至りて止む。後に之を聞くに、廿二日未時、駿河国富士郡大地震。廿三日辰時に至りて、凡そ三十度、屋舎皆顛倒《てんとう》す。巳時、富士山大鳴動し、郡人皆悶絶気を喪ふ。須臾にして黒雲地を覆ひ、咫尺物視えず。二辰、挙郡迷悶地に伏す。晡に至り之を見るに、富士山半腹以上、火雲天を漫す。天石を雨らすこと大きさ拳の如し。日夜連なりて息まず。凡そ東西両日程、石礫積堆、屋を壓え路を埋め駅馬旅人、股を没し行こと能はず。五六日を経て止む。（中略）此より前十月四日未睦、天下大いに地震ふ。我が土佐国尤も甚だし。大地坼裂、山岳崩潰。須臾にして怒潮大いに至る。浦村流没すること、凡そ一百余所。家屋万計、死ぬ者数を知らず。田は没して海と為《な》るは四千余町。凡そ東西百里海浜たり。潮して山に格《いた》らざる者無し。

この年の四月、重遠は山内豊房公の薨去後の家中の内部抗争の余波をうけて蟄居させられていた。

四年《（宝永）》丁亥、四月六日戊子、罪を得て禁錮す。（『谷氏族譜』）

丁亥初夏、罪を以て籠居す。書問を絶つ。（『甲乙録』八、最後の章段の注記）

出かけて教えをうけるどころか書簡による学問の道さえ閉ざされる。

師弟間の連絡が、絶たれた。

戊子除夜

罪籍未だ除れず年再び遷る　梅梢燭跋樽服に対す
因窮何そ厭はん駱丘の世　爛熟自ら開く鶏甕の天
絲鬢酒顔実を問ふことを休めよ　春山臘雪先を争ふに任す
人間の息耗心灰すること久し　舐瀆忘れ難くして也た泫然たり

己丑除夜

罪籍未だ除れず年三たび去る　故交道念《ここうどうねん》幾ぞ浮沈す
夜残暦《ざんれき》を収めて新暦を索む　黙会す行・蔵一味の心

　庚寅除夜

罪籍未だ除れず年四たび去る　君恩閑暇遺経を課す
従来の徳業皆児戯なり　道物謬て批す両鬢の星

先述した「益軒先生に与ふ」と題された重遠から貝原益軒への手紙はこのような禁錮刑下で発信されたものらしい。題詞の下に「甲午。松下長敬に代りて」とあって、代筆の形式をとる。松下長敬というのは重遠の弟子だ。元文五年（一七三〇）に五十六歳で死んでいる。益軒宛の書の記された甲午年の元旦の重遠の詠。

　甲午元旦

罪籍未だ除れず年八たび来る　柴籬感謝す一枝の梅
飛騰の暮景問ふことを須くせず　楽訓一編長く楽いかな

禁錮刑八年目。「楽訓」というのは益軒の著書名だ。この詩には次のような注が付されている。

旧臘益軒翁の楽訓を得。乃ち知りぬ、一日には一日の楽有り、一年には一年の楽有ることを。益軒吾に誨ふること多し。

謹慎中の身である。おそらく「楽訓」は長敬を通じて手に入れたのだろう。重遠は弟子の名を借りて、かつてその説を批判した益軒に書を送ったのだと思われる。

そして翌正徳五年、禁錮刑九年目。遠く江戸で澁川昔尹が若くして逝く。

喜寿を迎えた春海には、神学には跡部良顕、天学には遠藤盛俊など後継者がほかにもいたが、神々の時代から大切に受け継がれてきた「道」を綜合的学問として伝えようとし、それを正面から受けとめた古い弟子は、土佐に封印されている。そして、若き後継者の死に、老学者が何を思ったのかはわからない。昔尹を追うように、数ヶ月後、春海も鬼籍に入る。

師、春海の訃報に、ひとたびは絶句した重遠だが、重厚にして長大な祭文をしたためる。

渋川先生を祭る文〔乙未十月六日卒。七十九歳〕

嗚呼哀しいかな。先生の天に於ける。我が国開闢以来、其れ一人か。何其れ符を割りて、日月を離合し、掌を指して星辰を低昂せるや。神代伊奘諾尊、春秋を立てて以て表中底の天を分ち、人世神武天皇、暦法を興して乃ち十二月の年を成す。神聖の蘊微、乎として淵し、爾来千載、斯の道伝莫し。真野麿暦術に名あり。除昴に左祖す。其の学の疎を知るは晴明なり。天象に妙なり。推歩之策は則ち闕如を免れず。夫れ星宿の天に在る、城邑の地に列するが如し。古へ存して今亡き者有り。古へ隠れて今示す者有り。先生、皆能く識別して乃ち字せり。日月の会同点に在りて定期有り。淳風が虚進、徒に参差を為す。郭氏が乗除、猶ほ未だ明備ならず。先生、行差の術を創め、両曜正に天に合ふ。日行の盈縮限りに冬夏至るを以てす。入気の忒、先生始めて試む南斗の初、東井の四、古今交食豪釐貳はず。歳旦七曜暦を奏す。元享に至りて廃絶無し。干戈侵尋、推歩滅裂す。貞和三星の変、当時猶ほ恠て之を記す有り。降つて近世に至りて其の光芒の髣髴を識る莫し。先生の明、毫分縷別、張子信が積侯、郭守敬が細行、刃を肯綮に游し、五緯其の列を得。偉なるかな、貞享朝儀式に復す。其の他日月地の近遠、陰陽暦の強弱、千歳より前なる古暦、千歳より後なる改暦、之を言ひて、絲髪を析ち、爬梳抉剔せざること莫し。書を著すこと数千言、一一符契を合す。蓋し星辰振降りて人に化するに非るよりは、何を以て此の如く明白ならんや。

嗚呼哀しいかな。吾が神道の統、遠く天より出づ。伊奘諾尊、是を以て之を天照大神に伝へ、天照大神、是を以て之を瓊瓊杵尊に伝へ、列聖相承け未だ嘗て失隕せず。児屋太玉猿田彦、内外相ひ守りて一身の如し。中古以来、其の道分崩し、卜部伊勢、各自家を立て、仏を雑へ儒を混じ、異を伐ち同に党す。此の如くなること凡そ数百載。学者折衷する所無し。近時垂加社出でて、百川を障て之を東し、風水風葉の作、似続す藤森の功。然して一時門人亦未だ其の堂に升る有らず。懿かな。先生圯上に履を取り、到底根究旁旁百氏に及ぶ。蚤に天柱国柱の卓たるに見、晩に神籬磐境の歸きに登る。蓋し先生の垂加の門檣に於けるや、実に藍より青ふして水より寒き者か。

嗚呼哀しいかな。重遠先生に事る茲に二十歳。先生の家学に懵然たらざるに庶し、晩に禁錮を以て講問を廃し、日々馳想す東海の天、天暦の妙籌、神道の秘奥、北斗仰臨す胤子の賢。惟れ天の諶とし難し。胤子先だって逝く。先生老病、悲涙泉を懸く。未だ七月に満ちず、先生亦没す。既に庶孽無く、亦孫も無し。遺伝忽ち雲散す、東岱前後の煙、知らず何れの世にか揚子雲有らん。

嗚呼哀しいかな。重遠天を録して壬癸と名づけ、神を伝へて塩土と号す。師説万一以て不腐を謀る奈何せん。天南海北、猶ほ未だ郢斧を乞ふに及ばず、一世を挙げて質訂すべく莫し。此の恨み緜緜、千古に徹す。

嗚呼哀しいかな。噫先生の魂、豈醯雞裹の者と同じからんや。将に東海に沿いて八極に浮遊せんとするや。抑そも富山を挙て気に御し、空を排する、必ず其れ列星と為るを。明神と為り、天に後し地に後して以て造物人鬼の窮まる所を観んと。彼の塵世の利名禍福を顧るに、野馬杯水、曾て何ぞ歯牙に掛るに足らんや。然れば則ち重遠等区区觴を奉じて恣嗟悲泣す。寧ろに先生の為に嘲侮せらるること莫しや。

嗚呼哀しいかな。尚くは饗よ。

しかしなお、閉門蟄居の身——後に近所までは出られるよう許されたらしい——とはいえ、重遠には学問文筆があった。禁錮の直後、宝永四丁亥年の九月に成った『神代巻塩土伝《しおづたえ》』と『中臣祓塩土伝』は春海との講義を経て著された神代巻・中臣祓（大祓詞）の注釈書だ（「九月十六日乙丑、神代巻塩土伝成る」『谷氏族譜』）。この一月後、震災を経て重遠は春海からの手紙を整理し、『新蘆面命』もあわせて「甲乙録」「壬癸録」をまとめる。蟄居の中での日々の漢籍研究の痕跡も遺している（「戊己録」）。栗山潜鋒『保建大記』の講釈もしている。最晩年には、息子垣守に『甲乙録』の講義もした（土佐山内家宝物資料館蔵『甲乙録打聞』）。重遠は春海から受け継いだ学問を後に残そうとしているのだ。

享保三年（一七一八）、谷重遠、没す。

土佐の谷重遠を遠くから仰ぎ見る学徒がいた。淡斎谷川士清。闇齋から正親町公通、玉木正英へと流れる垂加の学統に位置し、『日本書紀通証』という日本書紀全巻の注釈書を著した。とりわけその日本語研究は現在の日本語文法研究に大きな業績を遺している。

彼の『日本書紀通証』の神代巻の注釈には、師、玉木正英の説はもちろん、しばしば重遠の著作（『塩土伝』）が引かれている。士清は、どういう経路かはわからないが、『甲乙録』一-八

東海寺澀川家墓所（東京都品川区）
左端が春海の墓。二つ右に昔尹の墓がある。

谷重遠墓所（高知県香美市）

谷川士清旧宅（三重県津市）

までの写本も所持していたらしい。伊予大洲の儒学者川田資哲による谷川淡水（＝士清）自写本の写しは現在筑波大学に伝わり、さらにその写しが国立公文書館に伝わっている（本書が参考にした『甲乙録』一－八はこの写本だ）。

士清には年若い学問の友人がいた。彼は垂加神道を激しく批判しながら――批判できるということはよく研究しているということでもある――士清の学問は高く評価していた。その者の名こそ本居宣長。その古典研究は『古事記伝』に集大成されるが、「直毘霊《なおびのみたま》」あるいは『古事記伝』を書き終えて晩年になって著された『うひ山ふみ』で激しく訴える「道」のあり方。

そはまづかのしなじなある学びのすぢすぢ、いづれもいづれも、やむことなきすぢどもにて、明らめしらではかなはざることなれば、いづれをものこさず、学ばまほしきわざなれども、一人の生涯の力を以ては、ことごとくは、其奥までは究《キハ》めがたきわざなれば、其中に主《ムネ》としてよるところを定めて、かならずその奥をきはめつくさんと、はじめより志《シ》を高く大にたてて、つとめ学ぶべき也、然して其余のしなじなをも、力の及ばんかぎり、学び明らむべし、さてその主《ムネ》としてよるべきすぢは、何れぞといへば、道の学問なり、そもそも此道は、天照大御神の道にして、天皇の天下をしろしめす道、四海万国にゆきわたりたる、まことの道なるが、ひとり皇国に伝はれるを、其道は、いかなるさまの道ぞといふに、此道は、古事記書紀の二典《フタフミ》に記されたる、神代上代の、もろもろの事跡のうえに備はりたり、此ノ二典の上代の巻々を、くりかへしくりかへしよくよみ見るべし、数多くある学問のなかでも、一つ中心となるべきテーマを立てて、広く学べと宣長はいう。その中心のテーマこそ、「道」の学問なのだと。そしてそれは記紀の中に全てみられるものなのだと。物学ビとは、皇朝の学問をいふ、そもそもむかしより、たゞ学問とのみいへば、漢学のことなる故に、その学と分むために、皇国の事をば、和学或は国学などいふならひなれども、そはいたくわろきいひざま也、みづからの国のことなれば、皇国の学をこそ、たゞ学問とはいひて、漢学をこそ、分て漢学といふべきことなれ、それももし漢学のこととまじへいひて、まぎるゝところにては、皇朝学などはいひもすべきを、うちまかせてつねに、和学国学などいふは、皇国を外《ヨソ》にしたるいひやう也、……万ズの事をいふに、たゞかのもろこしを、みずからの国のごとく、内にして、皇国をば、返りて外《ヨソ》にするは、ことのこゝろたがひて、いみしきひがこと也、此事は、山跡魂をかたむる一端なる故に、まづいふなり、自分の国について学ぶことを「学問」というのであり、外国のことを学ぶときにあえてその国の名を冠するのである。だから「和学」とか「国学」とか、日本を示す名辞を冠するのは顚倒しているという。学問に臨むスタンスについての言だ。まず、わたしたちの国のことを古事記

でしっかり理解して「やまと魂」を固めよという。その上で、
漢籍を見るも、学問のために益おほし、やまと魂だによく堅固《カタ》まりて、動くことなければ、晝夜からぶみをのみよむといへども、かれに惑はさるゝうれひはなきなり、然れども世の人、とかく倭魂《ヤマトタマシヒ》かたまりにくき物にて、から書をよめば、そのことよきにまどはされて、たぢろきやすきならひ也、ことよきとは、その文辞を、麗《ウルハ》しといふにはあらず、詞の巧にして、人の思ひつきやすく、まどはされやすきさまなるをいふ也、すべてから書は、言巧にして、ものの理非を、かしこくいひまはしたれば、人のよく思ひつく也、すべて学問すぢならぬ、よのつねの世俗の事にても、弁舌よく、かしこく物をいひまはす人の言には、人のなびきやすき物なるが、漢籍もさやうなるものと心得居べし、
漢籍をみることは役に立つという。宣長は漢籍が悪いといっているのではない。論理的かつ思惟的な漢学はそれだけに影響力が強い。だから自身のスタンス――やまと魂――が定まらない限り悪影響を及ぼすのだと注意する。
その主張は春海や重遠のそれと大きく変わるところはない。『保建大記打聞』の冒頭の重遠のことばと比較するといい。宣長のことばは、春海・重遠たちの目指す学問を、より現代的に具体化したものなのだ。春海はいう（「甲乙録」六－113）。

我が国の道、我が国に独立し、上一人下万民に至り、朝夕仰習して、他国の人之に通ずることあたはず。故に王一姓にして万万歳。君臣の道絶えず。今下賤の民に至るまで、大神に献ずるに一種を以てするを許すは、諾・冉二神相伝の国にして、君・民皆万古譜第の恩義あればなり。仰ぎて之を信ぜざらんや。

宣長もいう（「直毘霊」18—イ）。

掛《カケ》けまくも可畏《カシコ》きや吾天皇尊《ワガスメラミコト》はしも、然《サ》るいやしき國々の王どもと、等《ヒトシ》なみには坐まさず。此《ノ》御國を生成《ウミナシ》たまへる。神祖命《カムロギノ》の、御《ミ》みづから授賜《サヅケ》へる皇統《アマツヒツギ》にましまして、天地の始《メ》より、大御食國《ヲスクニ》と定まりたる天下《ノ》にして、大御神の大命《オホミコト》にも、天皇惡《アシ》く坐《シ》まさば、莫《ナ》まつろひそとは詔《ノリ》たまはずあれば、善《ヨ》く坐《サ》むも惡《アシ》く坐《サ》むも、側《カタハラ》よりうかゞひはかり奉ることあたはず。天地のあるきはみ、月日の照《テラ》す限《リ》は、いく萬代を經《ヘ》ても、動《ウゴ》き坐《サ》ぬ大君に坐《セ》り、故《レ》古語《フルコト》にも、當代《ソノヨ》の天皇をしも、神と申して、實《マコト》に神にし坐《シ》ませば、善惡《ヨキアシ》き御《ミ》うへの論《アゲツラ》ひをすてゝ、ひたぶるに畏《カシコ》み敬《ウヤマ》ひ奉仕《マツロフ》ぞ、まことの道には有《リ》ける。

宣長が春海や重遠の著作とどれほど向き合ったのかはわからない。ただ、士清との学問的交流の中から、春海の主張が伝わっている——おそらく無自覚的にだろう——可能性は少なくない。春海の学問はきっと重遠、士清を経由して宣長の中にも伝わっている。

彼らのまなざしは〈世界の中にあって「わたしたちの国」が大切にしてきたもの〉にむけられている。彼らが明らかにし伝えようとした「大切なもの」。つまり「学問」。

いまわたしは大学の文学部の教壇に立っている。

伝えたいと思う。育てたいと思う。

でも「大切だよ」と言われて伝えられてきたものに、伝えたい人たちから「もういらない」と言われたら?

わたしには、私たちの国が私たちの国として在り続ける未来が見えない。

伝える相手はいても、学びたいという者はいても、その者の育つ環境のないことへの絶望。

若い学徒に、学問の場は自ら拓けというのは無責任なことばだ。場を守り後進に委ねるのは年寄《としより》の役目だ。しかし年寄——われわれに「学問」はあるのか?

だからせめて、こうして江戸の学問の時代に逍遥しよう。彼らの時代はまだ、受けとめてくれる人がいるのを信じられた時代なのだ。彼らの思いを大切にして、そのままに伝えたい。学部等研究教育補助金の受給を受けてできることは、わたしたちの国に大切なことが必要になるかもしれない遠い将来あるいは海外にむけて、もしくは埋もれ行く志ある者たちのために、わたしたちの本当に大切なものへの注意を喚起させる一つの道標となるしかないのだ。

跋

学生を前に心折れたのは、いつだったろう。未来に希望をもって邪気無く朗らかに接してくる日本文学科の学生たちに何をしてやれるのか。いまだに答えは得られない。

学生に責任はない。が、彼ら彼女らをここまで、このように、ものを知らなく育てた者——しつけられたはずのことを伝えていない者——は責任をもつべきではないのか。しかし、その者たちこそ自分と同世代の者たち——昭和ヒトケタを親にもつ者たち——であると考え至ったとき、そこには絶望しかなかった。

そんな病んだ状態で高知を訪れた。

そして春海先生と重遠先生に出会った。お二人の学びの姿にあらためて教えをうけた気がする。この師弟の間に流れるのは「思想」でもなく、「宗教」でもなく。きっと「信念」ということばがふさわしいのだろう。

信念の高みまで昇れない自分を恥じた。

この春、一人の学生を得た。本書の中で引用した山内文庫本『新蘆面命』の本文は彼女が翻刻して卒業論文の資料として提出されたものを基にしている。本書の中のいくつかの記述は指導の中で彼女と考えて得られた発想によるものだ。

実は彼女が初めてというわけではない。かつて『古事問批』を翻刻して卒業した学生がいた。その学生が残した翻刻を用いてともに学問を志した大学院生は、経済原理に屈して不本意にも研究の現場から消えることになった。国のかじ取りを間違えた某政党政権がまだ民衆に支持されていたころの話である。

世運《うつ》り、三本の矢が放たれ、明るい牙《きざし》を信じようとする今の世になっても、なお折れた心は直らない。ただこちらの伝えようという思いを自分たちなりにうけとめてくれる学生たちがいることに癒されて日々を過ごしている。『新蘆面命』を翻刻した学生は大学院に進学する。埋もれ木が一本増えた。

今、学生を連れて研修旅行と称して――初代主任教授石井庄司先生の創始による学科行事である――皇都にある。今日は少し足を延ばして大阪に出かけた。大阪歴史博物館で、春海先生に出会った。そこに展示されていた書簡。

安井氏は畠山の末流の由申し伝へ候。何孫か拙者五代先は安井善海、同主計と申す。河州渋川郡久宝寺村主なり。其れ以前は未だ知らず（加賀に罷あり候同名は保井）。

右の系図の儀、福住道祐老御尋下さらるべく候、頼み奉り候。

安井算哲

かく頼まれ候条、御考へ候て以後の証になり候様に御書付越し頼み入り候。以上

卯月十九日　山加右衛門

福住道祐様

安井算哲が誰かはいうまでもない。「山加右衛門」は「山﨑嘉右衛門」つまり闇斎先生だ。

「安井氏は畠山の末流だと伝わっております。わたしの五代前は安井善海というのですが、河内国渋川郡久宝寺村主だったそうで、それ以前がわかりません。これを福住道祐老にお尋ねくださいませんでしょうか。安井算哲」

といわれましたのでよろしくお願いします。山崎嘉右衛門

と垂加翁が福住道祐さんに手紙を出した、その現物が展示してあった。

道祐さんは安井家当主の九兵衛さんを訪ねたらしいが、出張中ということで書付を残しておいた、それにたいする返書というのも隣に展示してあった。「実はわたしもよく知らないのですがね、一往、文書が残ってますよ」といって自家の歴史を語っている。かなりの長文だ。

垂加翁の書簡は年記がないが四月十九日付。九兵衛さんの返書には「延宝八年六月九日」とある。延宝八年は春海先生もまだ四十代にはいったばかり。数年後、天文方に就任するという

時点だ。きっと幕府改暦事業の中心研究者として履歴書（系譜）の提出が求められたのだろう。『瓊矛拾遺』が有職の家、澁川家の誇りの上にあるといったが、こうしてみるとその誇りは春海先生の責任ある仕事とともに自覚化され、学問の深まりとともに醸成されていったのだということがわかる。

そんなことを考えながら、学生を見る。うん。頑張ろう。彼ら彼女らを、自らの学問に裏打ちされた誇りとともに世に送りださなくては。甘いことは言っていられない。

またひとつ春海先生に教えられたような気がした。

平成二十六年三月十二日深更　京三条大橋東詰ますや旅館燈下

著者識

付記

『古事記の仕組み』『少年少女のクロニクル』（ともに新典社新書）にひきつづき今回も新典社さんのお世話になりました。ありがとうございます。

谷重遠や澁川春海に関する論著としては、

西内雅『谷秦山の學』昭和二十年、冨山房
平泉澄「保建大記と神皇正統記」『本邦史學史論叢下巻』昭和十五年（左杉崎再録）
杉崎仁『保建大記打聞編注』平成二十一年、勉誠出版
などがあります。また志水による関連論著としては、左のものがあります。
志水義夫「澁川春海『瓊矛拾遺』伝本について」『湘南文学』第四十八号、平成二十五年三月（東海大学日本文学会）
志水義夫「澁川春海『瓊矛拾遺』小攷」『古事記年報』五十六、平成二十六年一月（古事記学会）
志水義夫「谷重遠『甲乙録』小攷――安家の傳と伊勢の傳――」『湘南文学』第四十九号、平成二十六年三月（東海大学日本文学会）
志水義夫「天文学者と神の道――澁川春海の学問と思想――」東海大学文学部叢書『文学研究の思想――儒学、神道そして国学――』平成二十六年五月（東海大学出版部）
志水義夫「翻刻　土佐山内家宝物資料館蔵　澁川春海『瓊矛拾遺』下巻」『日本語・日本文学――注釈と研究――』平成二十六年九月（東海大学注釈と研究の会）
右の中、東海大学文学部叢書には、田尻祐一郎先生、西岡和彦先生、城﨑陽子先生、山下久

夫先生も興味深い論文が寄稿されています。とくに西岡先生、城﨑先生は冒頭に記した研究仲間で、月に一回、渋谷の國學院大學で談話会を開いていて、本書の多くはこの会で西岡先生からうけたご教示に依っています。ここに記して感謝申し上げます。

そして多くの資料を閲覧させていただいた土佐山内家宝物資料館には感謝限りありません。閲覧には同館の田井東浩平さんにお世話になり、学芸員の皆さんの手を毎回何度も煩わせてしまいました。ありがとうございました。おかげさまでここまでたどりつくことができました。本書をもって賜った学恩に報ずる初手といたします。これからもよろしくお願いします。

手元には右のほか永青文庫や富山市立図書館、会津若松市立図書館、小浜市立図書館などでも調査した資料が未整理のまま残っています。さらに研究を進め成果報告を続けることにしましょう。

平成二十六年八月十五日　擱筆

人名索引

＊澁川春海と谷重遠以外に、本書に名前の挙がっている江戸時代の人物は左の通りである。

あ 行

か 行

志水　義夫（しみづ　よしを）
1962 年 4 月 13 日　東京都に生まれる
1986 年 3 月　東海大学文学部北欧文学科卒業
1991 年 3 月　東海大学大学院文学研究科日本文学専攻
博士課程後期単位取得退学
学位　博士（文学）
著書 『古事記生成の研究』（2004年，おうふう），『古事記の仕組み―王権神話の文芸―』（2009年，新典社），『少年少女のクロニクル―セラムン、テツジン、ウルトラマン―』（2013年，新典社）
共著 『上代文学への招待』（1994年，ぺりかん社），『文学研究の思想―儒学、神道そして国学―』（2014年，東海大学出版部）
論文 「古典文学末流考―アニメ『機動戦艦ナデシコ』の技法―」（『研究論集』第75号，1999年，嘉悦女子短期大学），「弁慶の飛六法―花道の変化と芝居の変容―」（『湘南文学』第39号，2005年，東海大学日本文学会），「KALEVALAと古事記との距離」（『言外と言内の交流分野　小泉保博士傘寿記念論文集』2006年，大学書林），「日本書紀研究序説」（『青木周平先生追悼　古代文芸論叢』2009年，青木周平先生追悼論文集刊行会），「谷重遠『保建大記打聞』小攷」（『湘南文学』第49号，2014年，東海大学日本文学会）

澁川春海《しぶかわはるみ》と谷重遠《たにしげとお》
―― 双星煌論 ――
新典社選書 70

2015 年 3 月 11 日　初刷発行

著　者　志 水　義 夫
発行者　岡 元　学 実

発行所　株式会社　新 典 社

〒101－0051　東京都千代田区神田神保町1－44－11
営業部　03－3233－8051　編集部　03－3233－8052
ＦＡＸ　03－3233－8053　振　替　00170－0－26932
検印省略・不許複製
印刷所　惠友印刷㈱　製本所　牧製本印刷㈱

ISBN 978-4-7879-6820-3 C0395
http://www.shintensha.co.jp/　E-Mail:info@shintensha.co.jp